Test 1

■ Inhalte: Leiterkennlinie, ohmsches Gesetz, elektrischer Widerstand
▨ Zeitbedarf: 20 Minuten

1. In einem Versuch wurde für verschiedene Materialien der Zusammenhang zwischen der anliegenden Spannung und der Stromstärke gemessen.

   a) Erstellen Sie hierfür eine geeignete Schaltskizze. ___ von 1

   b) Fertigen Sie ein Diagramm zu den folgenden Messreihen an. ___ von 2

U in V	0	3	6	9	12	15	18
Leiter 1: I in A	0	0,15	0,25	0,32	0,35	0,38	0,41
Leiter 2: I in A	0	0,15	0,45	0,70	1,05	1,45	2,00
Leiter 3: I in A	0	0,20	0,40	0,60	0,80	1,00	1,20

   c) Interpretieren Sie den Verlauf der Leiterkennlinien. ___ von 1

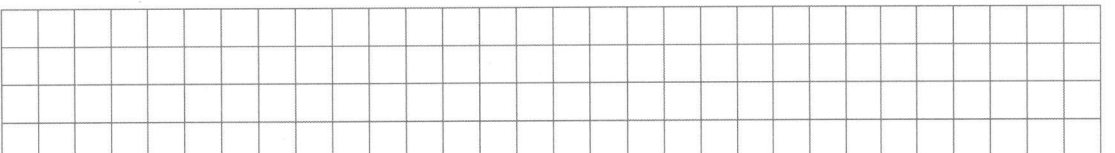

   d) Ordnen Sie die Materialien Eisen (ungekühlt), Konstantan und Graphit den Leitern in Aufgabe 1 b zu. ___ von 1

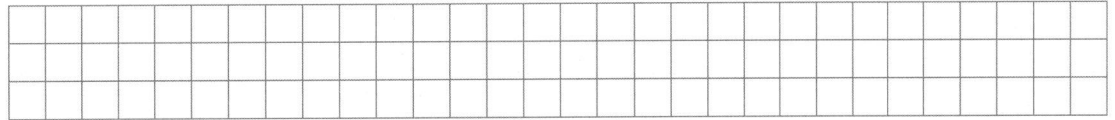

2. a) Was besagt das ohmsche Gesetz? ___ von 1

b) Nennen Sie zwei Materialien, bei denen das ohmsche Gesetz gilt. ___ von 2

3. Erklären Sie das Zustandekommen des elektrischen Widerstands in Metallen mithilfe des Teilchenmodells. Gehen Sie vorweg auf den Aufbau von Metallen ein. ___ von 3

4. Auf einem Elektromotor sind die Betriebsparameter „12 W / 30 V" zu lesen.
Berechnen Sie die Betriebsstromstärke und den elektrischen Widerstand, wenn 30 V angeschlossen sind. ___ von 2

5. Vervollständigen Sie die folgenden Sätze.

a) Die elektrische Spannung ist ein Maß dafür _____

_____ ___ von 1

b) Die elektrische Stromstärke ist ein Maß dafür _____

_____ ___ von 1

Notenschlüssel

1	2	3	4	5	6
13–15	11–12	9–10	7–8	5–6	0–4

So lange habe ich gebraucht: _____

So viele Punkte habe ich erreicht: _____

Test 2

■ Inhalte: Reihenschaltung, Parallelschaltung, Vorwiderstand
▨ Zeitbedarf: 20 Minuten

1. Eine einfache Lichterkette besteht aus 20 Lämpchen.
   a) Erläutern Sie, welche Schaltungsart vorliegt.   ___ von 1

   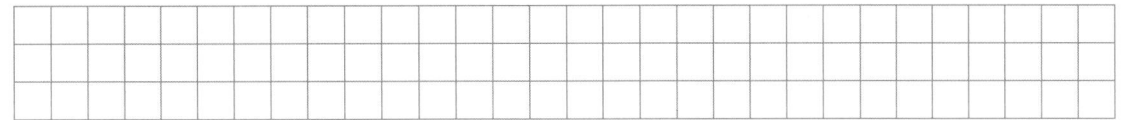

   b) Warum wird kein „Trafo" benötigt, der die anliegenden 230 V der Steckdose herunterregelt?   ___ von 1

   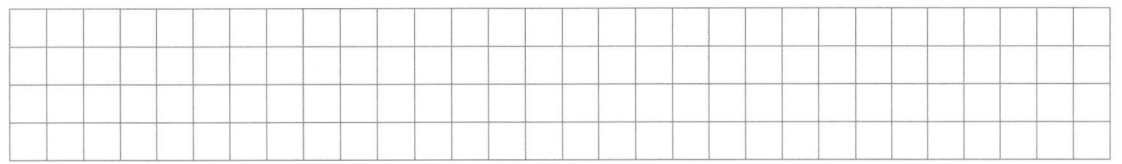

2. Ein Widerstand und ein Lämpchen sind in Reihe geschaltet und mit einer Elektrizitätsquelle verbunden. Die bereits bekannten Messwerte finden Sie in der Schaltskizze.
   Berechnen Sie die fehlenden Größen.

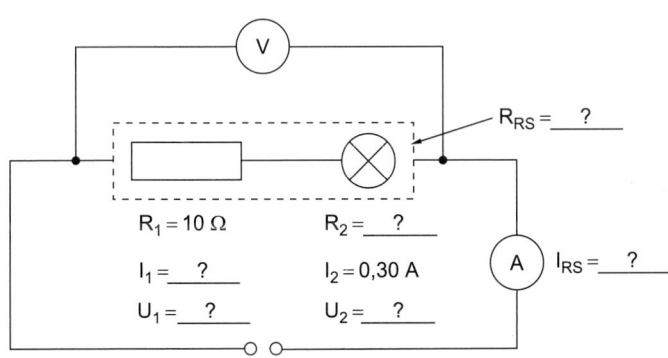

$U_{RS} = 12,0$ V

$R_{RS} = $ ___?___

$R_1 = 10\,\Omega$ $R_2 = $ ___?___

$I_1 = $ ___?___ $I_2 = 0,30$ A $I_{RS} = $ ___?___

$U_1 = $ ___?___ $U_2 = $ ___?___

___ von 5

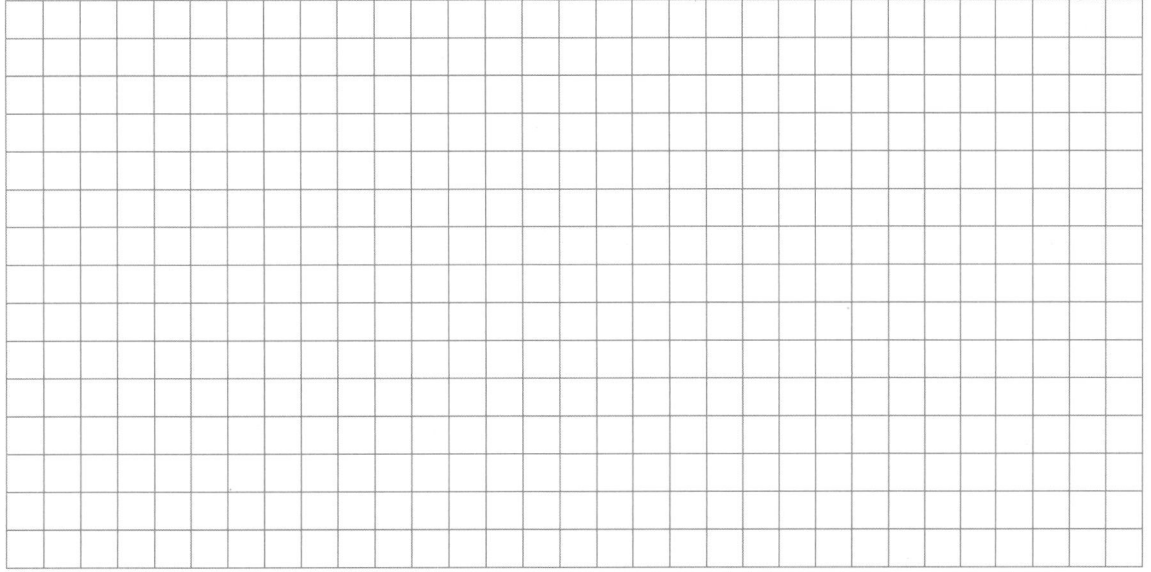

3. Zwei Widerstände $R_1 = 100\ \Omega$ und $R_2 = 300\ \Omega$ sind parallel geschaltet und mit einer Autobatterie der Spannung 20 V verbunden.

    a) Erstellen Sie hierzu eine Schaltskizze und tragen Sie die gegebenen Werte ein.   ___ von 2

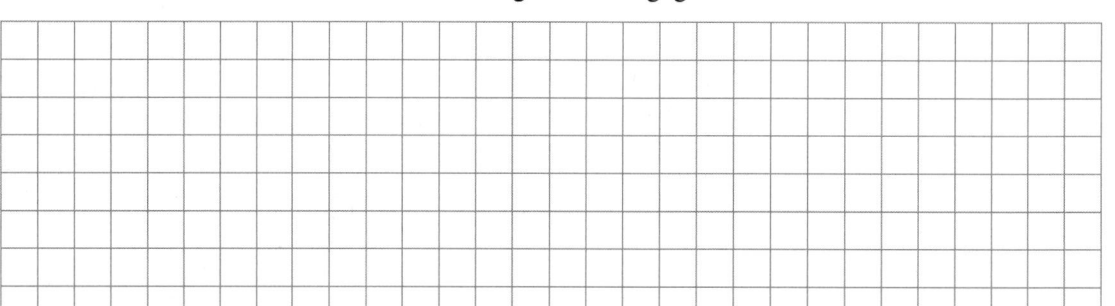

    b) Berechnen Sie den Gesamtwiderstand und die Gesamtstromstärke.   ___ von 2

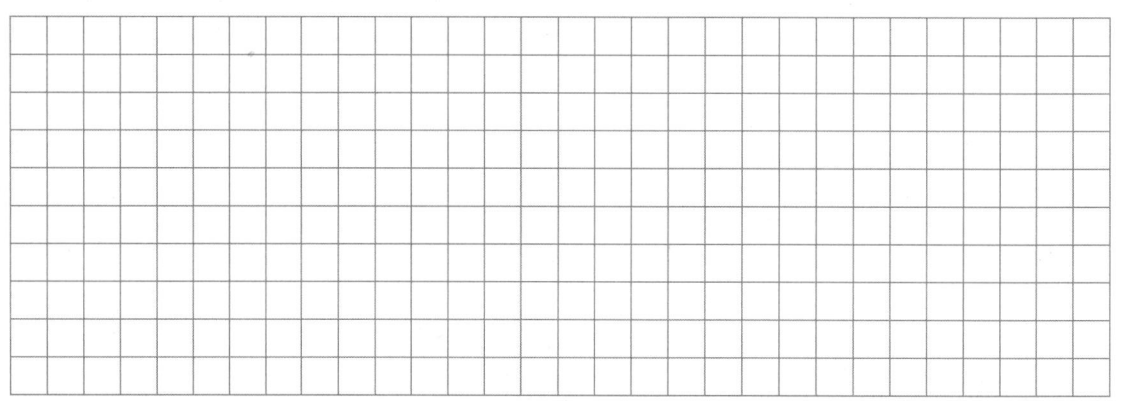

4. Ein Lämpchen (3,0 V / 10 Ω) soll mit einer 4,5-V-Batterie betrieben werden.
Berechnen Sie den erforderlichen Vorwiderstand.   ___ von 4

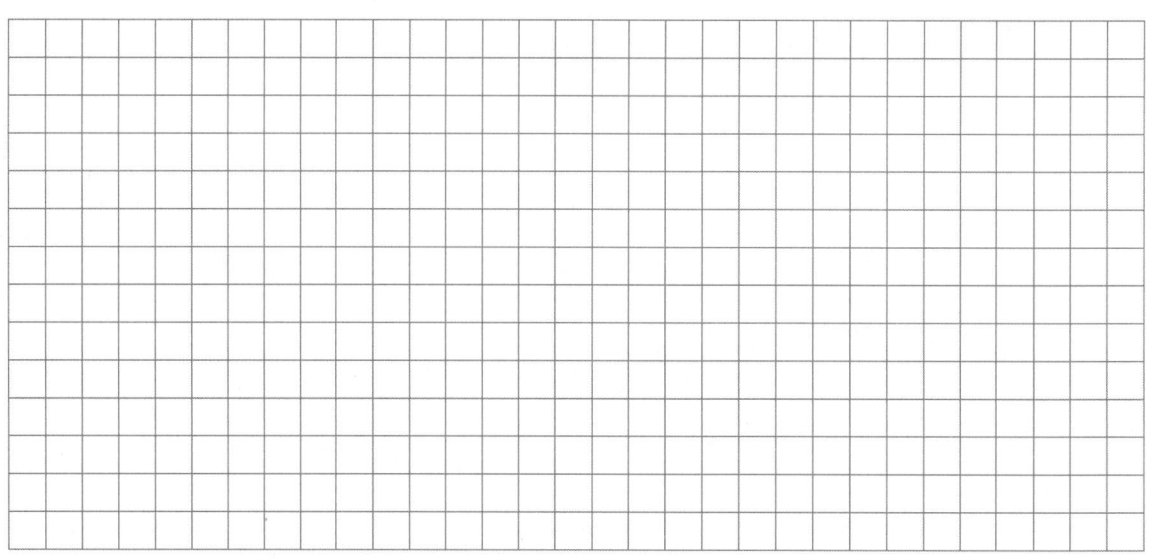

Notenschlüssel

1	2	3	4	5	6
13–15	11–12	9–10	7–8	5–6	0–4

So lange habe ich gebraucht: _____

So viele Punkte habe ich erreicht: _____

Test 3

■ Inhalte: Halbleiter

▨ Zeitbedarf: 20 Minuten

1. a) Erläutern Sie, was man allgemein unter der Dotierung eines Halbleiters versteht. Was wird durch die Dotierung erreicht?   ___ von 2

b) Man unterscheidet die p- und die n-Dotierung.
Nennen Sie für beide Arten der Dotierung von Silizium jeweils ein Beispiel.   ___ von 1

2. a) Geben Sie an, wie eine Halbleiterdiode aufgebaut ist.   ___ von 1

b) Skizzieren Sie die Entstehung eines pn-Übergangs. Was ist das wesentliche Merkmal der Grenzschicht?   ___ von 4

c) Nennen Sie zwei Anwendungen für Halbleiterdioden.   ___ von 1

6 ✦ **3.** Für eine Halbleiterdiode wurden die Messwerte für die Leiterkennlinie aufgenommen:

U in V	0	0,10	0,20	0,30	0,40	0,50	0,60	0,70	0,80
I in mA	0	0,10	0,20	0,30	0,40	1,0	7,5	20	50

a) Fertigen Sie zu der Messreihe ein I-U-Diagramm an.　　　　　　　___ von 2

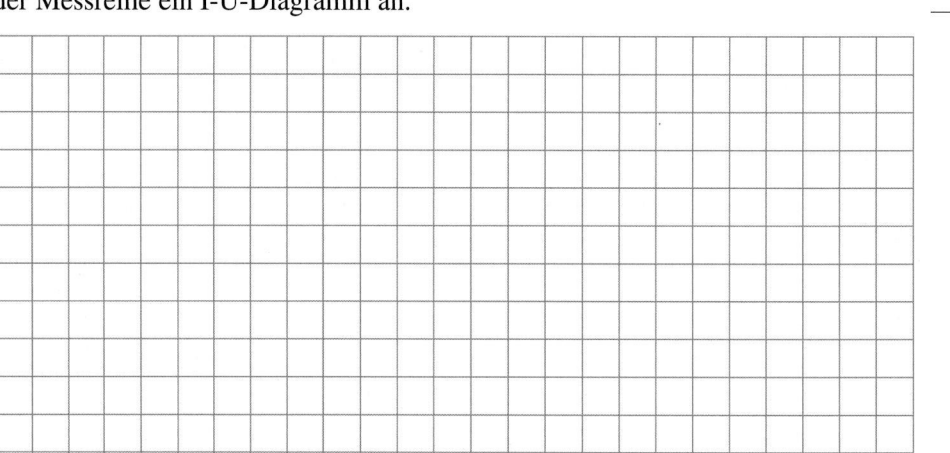

b) Beschreiben Sie den Verlauf der Kennlinie und bestimmen Sie den ungefähren Wert der Schleusenspannung.　　　　　　　___ von 2

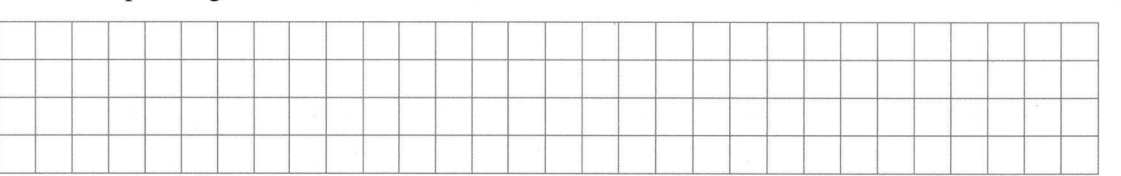

c) Zeichnen Sie eine Schaltskizze für die Aufnahme einer solchen Messreihe.　　　　___ von 1

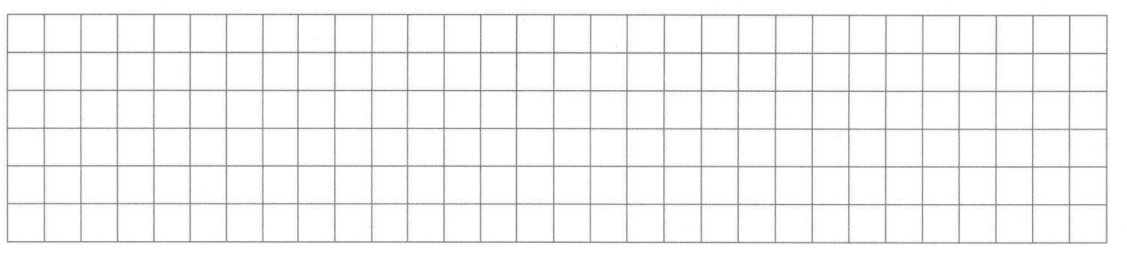

d) Erklären Sie mit den Vorgängen in der Halbleiterdiode, warum die Stromstärke sehr gering ist, wenn die Schleusenspannung noch nicht erreicht wurde.　　　　　　　___ von 1

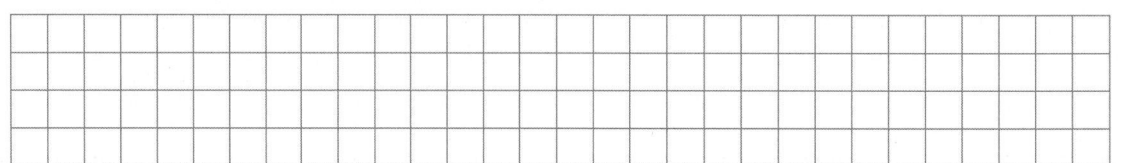

Notenschlüssel

1	2	3	4	5	6
13–15	11–12	9–10	7–8	5–6	0–4

So lange habe ich gebraucht: _____

So viele Punkte habe ich erreicht: _____

Schulaufgabe 1

■ Inhalte: Widerstand und Temperatur, Widerstandsgesetz
▨ Zeitbedarf: 45 Minuten

1. Erklären Sie für metallische Leiter mithilfe des Teilchenmodells die Beziehung zwischen Temperatur und Widerstand.   ___ von 2

2. Vervollständigen Sie die folgende Tabelle.   ___ von 2

	Heißleiter	Kaltleiter
Bei zunehmender Temperatur … der elektrische Widerstand.		
Beispielmaterial		

3. Eine Anwendung für den Kaltleiter ist der Grenzwertgeber beim Tanken. Der Tankvorgang soll unterbrochen werden, sobald die Flüssigkeit die Sonde berührt.
   Erklären Sie schrittweise, wie der Kaltleiter das Tanken bei vollem Tank unterbricht.   ___ von 3

4. a) Beschreiben Sie, was unter dem Begriff Supraleitung zu verstehen ist.   ___ von 1

   b) Nennen Sie zwei Anwendungen der Supraleitung.   ___ von 1

5. In einem Versuch wird der Zusammenhang zwischen der Länge eines Drahtes und seinem elektrischen Widerstand untersucht. Zu diesem Zweck wird an verschieden langen Drähten der Querschnittsfläche 0,25 mm^2 eines bestimmten Materials eine Gleichspannung von 3,00 V angelegt. Die Stromstärke wurde jeweils gemessen:

ℓ in dm	10,0	15,0	20,0	25,0	30,0	35,0
I in A	1,52	1,02	0,76	0,64	0,51	0,42

a) Berechnen Sie jeweils die Widerstandswerte und erstellen Sie eine ℓ-R-Tabelle. ___ von 2

b) Führen Sie die numerische Auswertung durch. Was kann man daraus folgern? ___ von 2

c) Um welches Material handelt es sich? Verwenden Sie dazu die Auswertung der kompletten Messreihe. ___ von 2

6. Ein Draht mit einem kreisrunden Querschnitt besteht aus Aluminium und weist einen elektrischen Widerstand von 12,0 Ω auf.
Geben Sie den neuen Wert für den elektrischen Widerstand an …

a) bei gleicher Querschnittsfläche und halber Länge: _____ ___ von 1

b) bei doppelter Länge und doppelter Querschnittsfläche: _____ ___ von 1

c) bei gleicher Länge und vierfacher Querschnittsfläche: _____ ___ von 1

d) bei fünffacher Länge und doppeltem Radius der Querschnittsfläche: _____ ___ von 1

7. Ein Eisendraht ist 30 m lang und hat eine Querschnittsfläche von 0,20 mm². Berechnen Sie seinen elektrischen Widerstand.

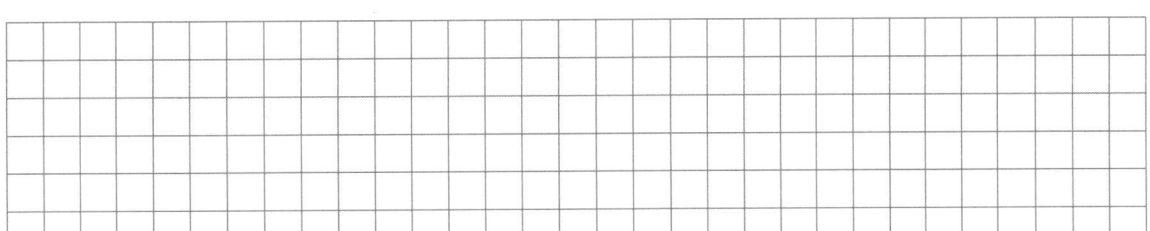

8. Aus einem Aluminium-Draht mit dem Durchmesser d = 0,50 mm soll ein elektrischer Drahtwiderstand von 8,0 Ω gewickelt werden. Wie lang muss der Draht sein?

___ von 2

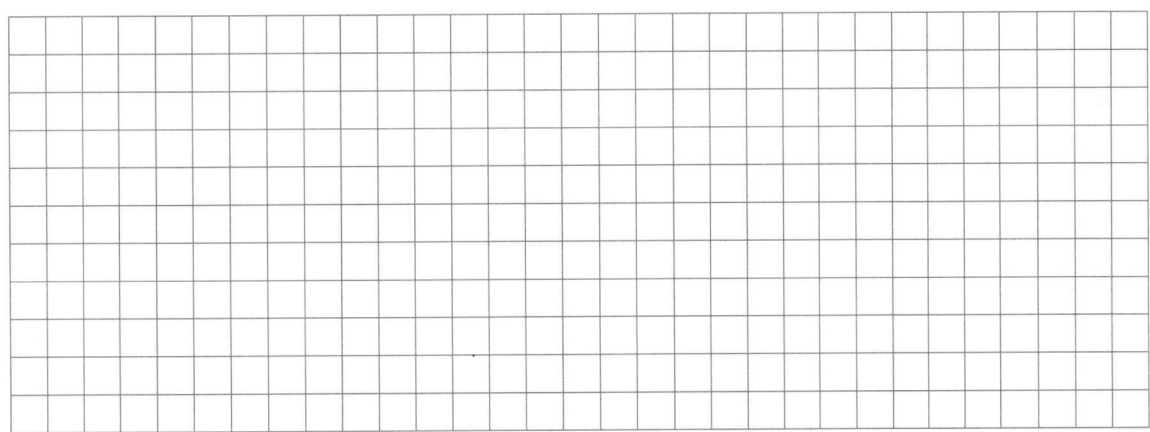

9. Ein Draht aus Konstantan soll einen elektrischen Widerstand von 400 Ω aufweisen. Seine Länge ist mit 40,0 m bereits festgelegt. Berechnen Sie den Radius der Querschnittsfläche.

___ von 2

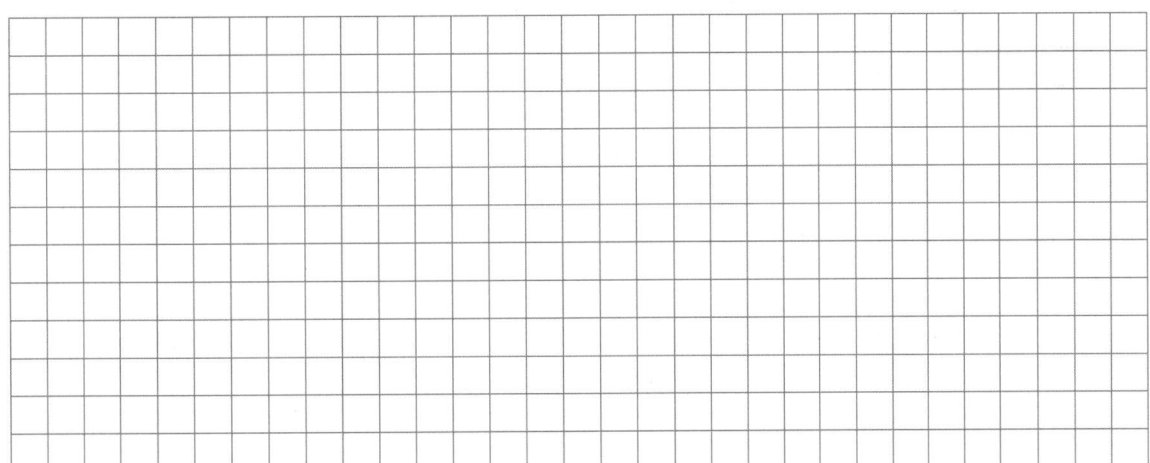

Notenschlüssel

1	2	3	4	5	6
21–24	18–20	15–17	12–14	7–11	0–6

So lange habe ich gebraucht: _____

So viele Punkte habe ich erreicht: _____

■ Inhalte: Induktion, lenzsche Regel, Wirbelströme
▦ Zeitbedarf: 45 Minuten

1. Untersucht man den Aufbau einer Induktionstaschenlampe, so entdeckt man einen beweglichen Permanentmagneten und eine Spule.

   a) Erklären Sie das Zustandekommen des Induktionsstroms.

   ___ von 3

   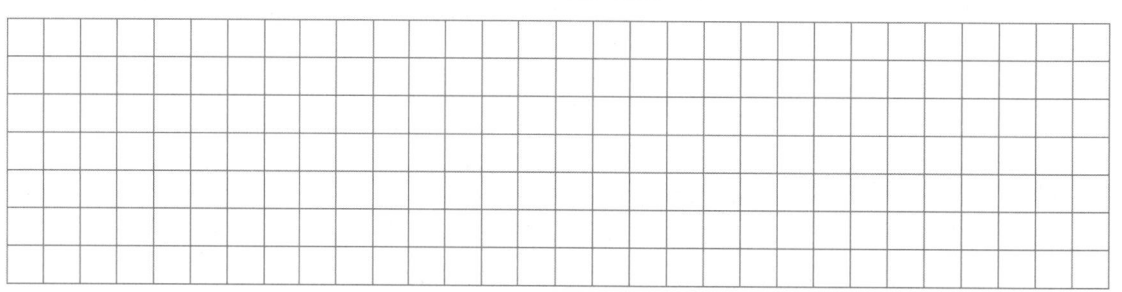

   b) Nennen Sie drei Maßnahmen, mit denen sich die Induktionsspannung erhöhen lässt.

   ___ von 2

   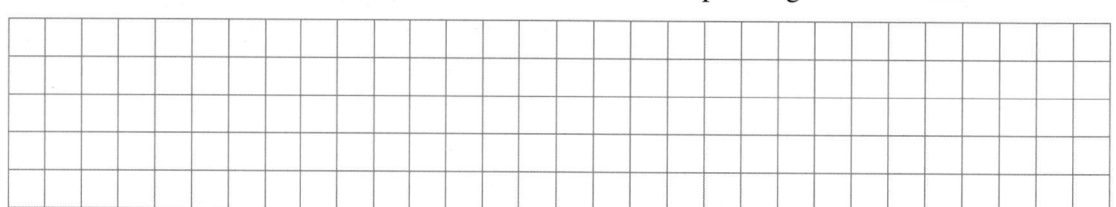

2. Eine elektrische Handzahnbürste besteht aus einer Ladestation und der Zahnbürste mit Akku, wie in der Abbildung skizziert. Erklären Sie die Funktionsweise in Teilschritten.

   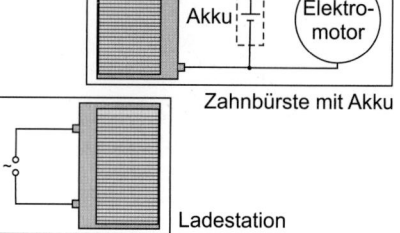

   Zahnbürste mit Akku

   Ladestation

   ___ von 4

3. Überlegen Sie jeweils, ob an der Spule 2 eine Spannung messbar ist.

Spule 1   Spule 2

	messbar	nicht messbar	
a) Der Schalter wird geschlossen.	☐	☐	___ von 0,5
b) Der Schalter ist geschlossen und der Schiebewiderstand bleibt unverändert.	☐	☐	___ von 0,5
c) Der Schalter ist geschlossen und der Schiebewiderstand wird verringert.	☐	☐	___ von 0,5
d) Der Schalter ist geschlossen und der Schiebewiderstand wird vergrößert.	☐	☐	___ von 0,5
e) Der Schalter ist geschlossen und beide Spulen werden gleichzeitig nach links bewegt.	☐	☐	___ von 0,5
f) Der Schalter ist geschlossen und der Eisenkern wird aus der Spule 1 entfernt.	☐	☐	___ von 0,5

4. Ein Aluminium-Ring ist beweglich an Fäden aufgehängt.
Ein Stabmagnet wird dem Ring angenähert.

a) Geben Sie die Beobachtung an.   ___ von 1

b) Erklären Sie die Beobachtung mithilfe der lenzschen Regel.   ___ von 4

c) Der Versuch wird mit einem geschlitzten Ring wiederholt. Was ist zu beobachten?   ___ von 1

5. Bei Achterbahnen werden keine auf Reibung basierenden Bremsen verwendet, sondern Wirbelstrombremsen. An Bremspunkten befinden sich seitlich starke Permanentmagnete. Auf gleicher Höhe sind an dem abzubremsenden Wagen Metallschwerter angebracht, also massive Platten aus einer Kupferlegierung.

    a) Erklären Sie die Funktionsweise. ___ von 4

    b) Geben Sie einen Vorteil des Bremssystems an. ___ von 1

6. Bei einem Induktionsherd befindet sich unter einer Glaskeramikplatte eine Spule, die an einer Wechselspannung mit hoher Frequenz angeschlossen ist.
Erklären Sie ausgehend von der an der Spule anliegenden Wechselspannung, wie es in einem Kochtopf zur Temperaturerhöhung kommt. ___ von 5

Notenschlüssel

1	2	3	4	5	6
23–28	20–22	17–19	14–16	8–13	0–7

So lange habe ich gebraucht: _____

So viele Punkte habe ich erreicht: _____

Schulaufgabe 3

■ Inhalte: Generator, Transformator
▨ Zeitbedarf: 45 Minuten

1. Sie kennen beim Generator die Bauweise des Außenpol- und des Innenpolgenerators.

   a) Beschreiben Sie den wesentlichen Unterschied zwischen den beiden Bauarten. ___ von 2

   b) Welche zusätzlichen Bauteile werden bei einem Außenpolgenerator benötigt, die es beim Innenpolgenerator nicht gibt? ___ von 1

2. In Kraftwerken werden ausschließlich Innenpolgeneratoren verwendet.

   a) Welche Nachteile hätten Außenpolgeneratoren im Vergleich zu den Innenpolgeneratoren? ___ von 2

   b) Als Rotoren kommen nur Elektromagnete zum Einsatz.
   Geben Sie zwei Gründe für deren Verwendung an. ___ von 2

3. Der Generator eines Kohlekraftwerks hat einen Wirkungsgrad von 92,0 %; der Rest ist Abwärme.
Jede Minute werden dem Generator 44 400 MJ an mechanischer Energie zugeführt.
Ermitteln Sie die elektrische Leistungsabgabe. ___ von 2

4. Bei den genannten Generatoren entsteht eine Wechselspannung.

    a) Was versteht man unter einer Wechselspannung?   ___ von 1

    b) Erstellen Sie ein qualitatives U-t-Diagramm einer Wechselspannung.   ___ von 2

5. a) Eine Leiterschleife wird in einem Magnetfeld im Uhrzeigersinn gedreht (s. Skizze). Betrachten Sie ein Elektron auf der Seite a. Warum wirkt auf das Elektron eine Kraft? Geben Sie auch den Namen dieser Kraft an. Mit welcher Regel lässt sich herausfinden, wohin die Elektronen in der Leiterschleife wandern?   ___ von 2

    b) Geben Sie die Polung von S_1 und S_2 an.   ___ von 1

    c) Was kann man über die Spannung nach einer Drehung um 90° aussagen?   ___ von 1

6. a) Geben Sie schrittweise die Erklärung für den Transformator an. Beginnen Sie mit der an der Primärspule anliegenden Wechselspannung.   ___ von 4

b) Nennen Sie zwei Gründe, warum ein Transformator kein idealer Energiewandler ist.

___ von 2

7. Ein Schweißtransformator wird an die Netzspannung angeschlossen. Die Sekundärleistung beträgt 2,44 kW. Der Schweißtransformator besitzt einen Wirkungsgrad von 85,0 %. Die Sekundärspannung beträgt 17,0 V.

a) Erstellen Sie eine Schaltskizze und tragen Sie die gegebenen Größen ein.

___ von 1

b) Berechnen Sie die Primärleistung und die Sekundärstromstärke.

___ von 2

8. In der Technik unterscheidet man drei Arten von Transformatoren.
Geben Sie in der folgenden Tabelle jeweils deren Bezeichnung, das physikalische Merkmal und eine Anwendung an.

___ von 3

Bezeichnung			
Physikalisches Merkmal			
Anwendung			

Notenschlüssel

1	2	3	4	5	6
23−28	20−22	17−19	14−16	8−13	0−7

So lange habe ich gebraucht: _____

So viele Punkte habe ich erreicht: _____

■ Inhalte: Kombinierte Schaltung, Messbereichserweiterung, Innenwiderstand, Selbstinduktion

■ Zeitbedarf: 45 Minuten

1. Die beiden Widerstände $R_1 = 20\ \Omega$ und $R_2 = 30\ \Omega$ sind parallel geschaltet. Dazu ist der Widerstand $R_3 = 18\ \Omega$ in Reihe geschaltet. An der Schaltung liegt die Gesamtspannung $U_G = 60\ V$ an.

   a) Erstellen Sie eine Schaltskizze und tragen Sie die gegebenen Werte ein.   ___ von 1

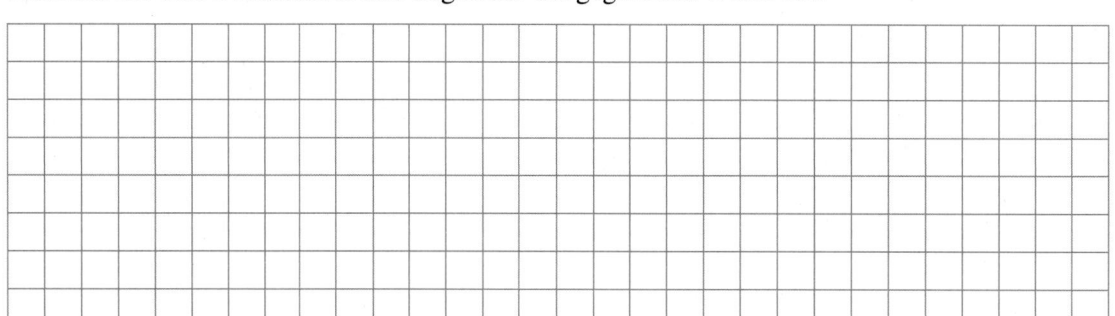

   b) Berechnen Sie den Gesamtwiderstand und die Gesamtstromstärke. [Teilergebnis: $I_G = 2{,}0\ A$]   ___ von 3

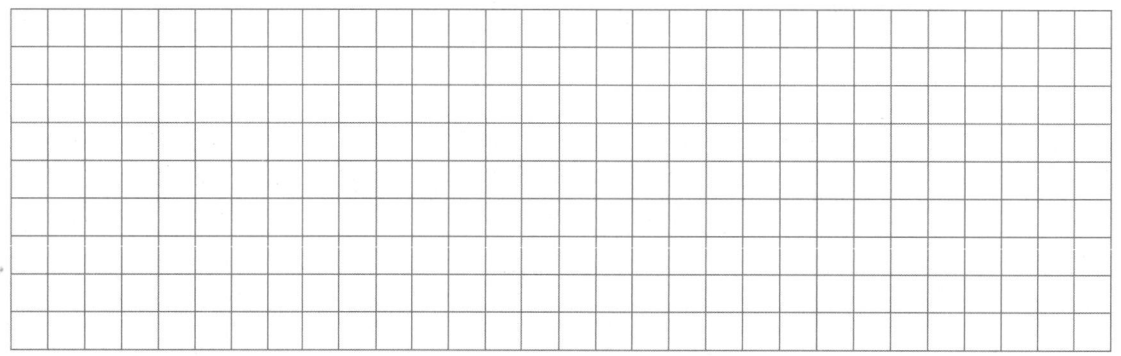

   c) Bestimmen Sie alle Spannungsabfälle und alle Teilströme der Widerstände.   ___ von 6

2. Ein Voltmeter mit dem Messbereich 10 V soll auf 100 V erweitert werden. Dazu ist ein Vorwiderstand R_V mit 10,0 kΩ erforderlich.

a) Warum wird für die Messbereichserweiterung eine Reihenschaltung verwendet?

___ von 1

b) Ermitteln Sie den Innenwiderstand R_i des alten Messgeräts.

___ von 2

c) Welche Änderung ist an dem alten Messgerät vorzunehmen, damit die Messung gelingt?

___ von 1

3. Für die Messbereichserweiterung von 3,0 mA auf 30 mA war ein Nebenwiderstand von 10 Ω nötig. Ermitteln Sie den Innenwiderstand des Messgeräts.

___ von 2

4. In einem Versuch wurde für eine Batterie der Zusammenhang zwischen der Betriebsspannung U_B und der Stromstärke I untersucht. Das Ergebnis war die folgende Messwerttabelle:

U_B in V	8,0	7,0	6,0
I in A	0,5	1,0	1,5

a) Fertigen Sie ein U_B-I-Diagramm an.

___ von 2

b) Erklären Sie, warum die Betriebsspannung U_B von der Stromstärke im Stromkreis abhängig ist.

___ von 1

c) Bestimmen Sie die Quellenspannung und die Kurzschlussstromstärke grafisch.

___ von 1

d) Berechnen Sie den Innenwiderstand der Elektrizitätsquelle.   19

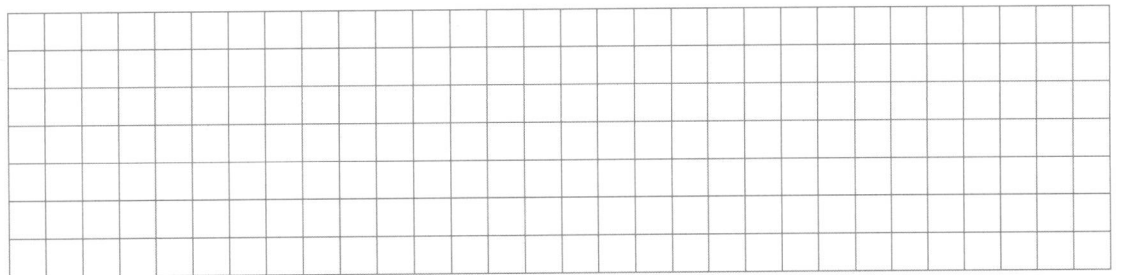

_____ von 1

5. In einem Experiment soll untersucht werden, wie sich das Auflegen und Abnehmen des Jochs auf den Eisenkern im Stromkreis auswirkt. Eine Spule mit 2 000 Windungen befindet sich auf einem u-förmigen Eisenkern. Die Spule ist in Reihe mit einer Elektrizitätsquelle für Gleichspannung (6 V) und einem Lämpchen (6 V) angeschlossen. Das Lämpchen leuchtet nur schwach.

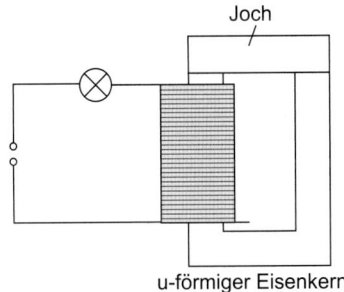

a) Das Joch wird aufgelegt. Beschreiben Sie die Beobachtung.   _____ von 1

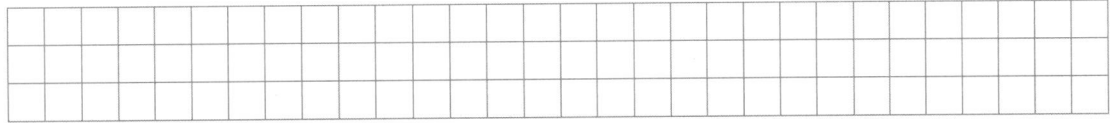

b) Geben Sie die Erklärung für diese Beobachtung an.   _____ von 5

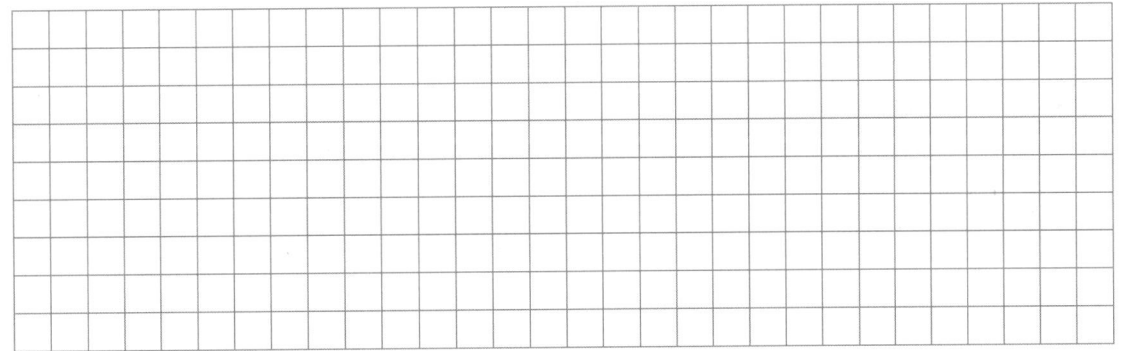

c) Statt der Gleichspannung wird eine Wechselspannung verwendet. Das Joch ist aufgelegt. Was ist jetzt zu beobachten?   _____ von 1

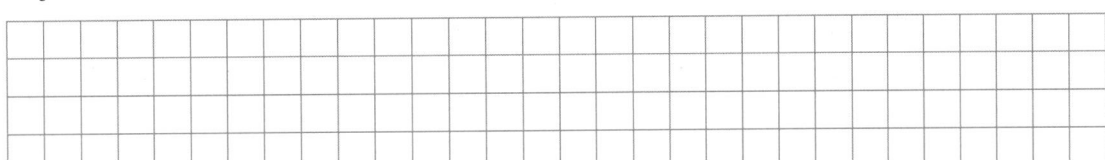

Notenschlüssel

1	2	3	4	5	6
23–28	20–22	17–19	14–16	8–13	0–7

So lange habe ich gebraucht: _____

So viele Punkte habe ich erreicht: _____

■ Inhalte: Radioaktive Strahlung und Nachweisgeräte, radioaktiver Zerfall, Zerfallsreihen
■ Zeitbedarf: 20 Minuten

1. Vervollständigen Sie die folgende Tabelle zu den Eigenschaften der drei Strahlungsarten. ___ von 3

Name	α-Strahlung	β-Strahlung	γ-Strahlung
Kennzeichen			
Geschwindigkeit			
Reichweite in der Luft			
Abschirmung durch …			

2. Stellen Sie die Kernreaktionsgleichungen auf oder vervollständigen Sie diese.

a) Radon-220 unterliegt einem α-Zerfall. ___ von 1

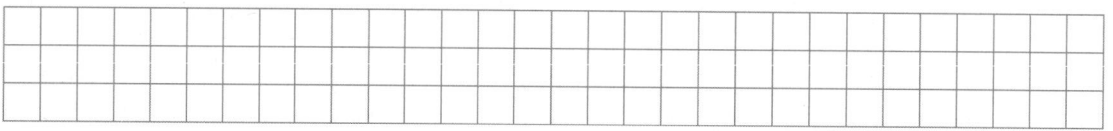

b) $^{59}_{26}\text{Fe} \rightarrow$ ___ $+ ^{0}_{-1}\text{e}$ ___ von 1

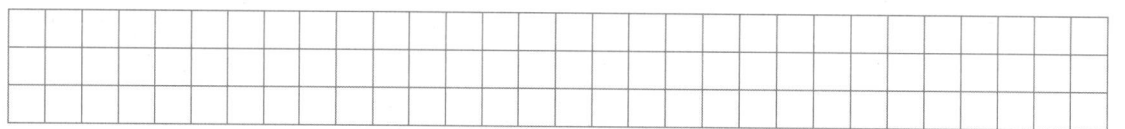

c) Das angeregte Platin-197 geht durch Aussendung einer elektromagnetischen Welle in einen stabileren Zustand über. ___ von 1

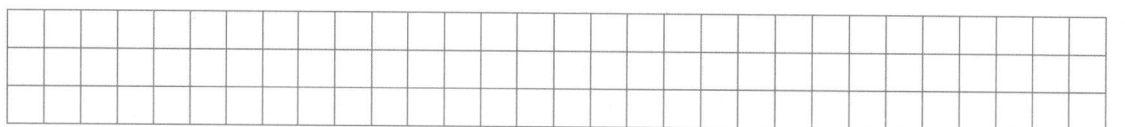

d) $^{32}_{16}\text{S}$ ist durch einen β-Zerfall entstanden. ___ von 1

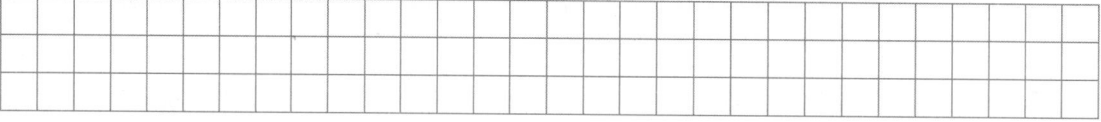

3. Wie viele α- und β-Zerfälle ereignen sich in der Zerfallsreihe mit dem Ausgangsnuklid Th-232 und dem Endnuklid Pb-208?

___ von 2

4. Das Geiger-Müller-Zählrohr (siehe Abbildung) ist das bekannteste und am weitesten verbreitete Nachweisgerät für radioaktive Strahlung.

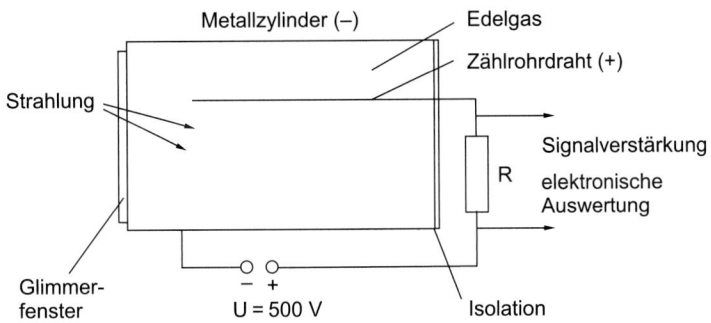

a) Erklären Sie die Funktionsweise des Zählrohrs. Beginnen Sie dabei mit der ionisierenden Strahlung, die durch das Glimmerfenster eintritt.

___ von 5

b) Was versteht man unter der Totzeit?

___ von 1

Notenschlüssel

1	2	3	4	5	6
13–15	11–12	9–10	7–8	5–6	0–4

So lange habe ich gebraucht: _____

So viele Punkte habe ich erreicht: _____

■ Inhalte: Aktivität, Halbwertszeit, Zerfallsgesetz
■ Zeitbedarf: 20 Minuten

1. Für das radioaktive Barium-Isotop $^{128}_{56}$Ba soll die Halbwertszeit ermittelt werden. Dazu wurde in einem Experiment nach jeweils 2 Tagen die Aktivität bestimmt.

t in d	0	2	4	6	8	10	12	14
A in kBq	80,0	44,9	25,6	14,3	8,2	4,6	2,7	1,5

a) Erstellen Sie hierzu ein A-t-Diagramm.   ___ von 2

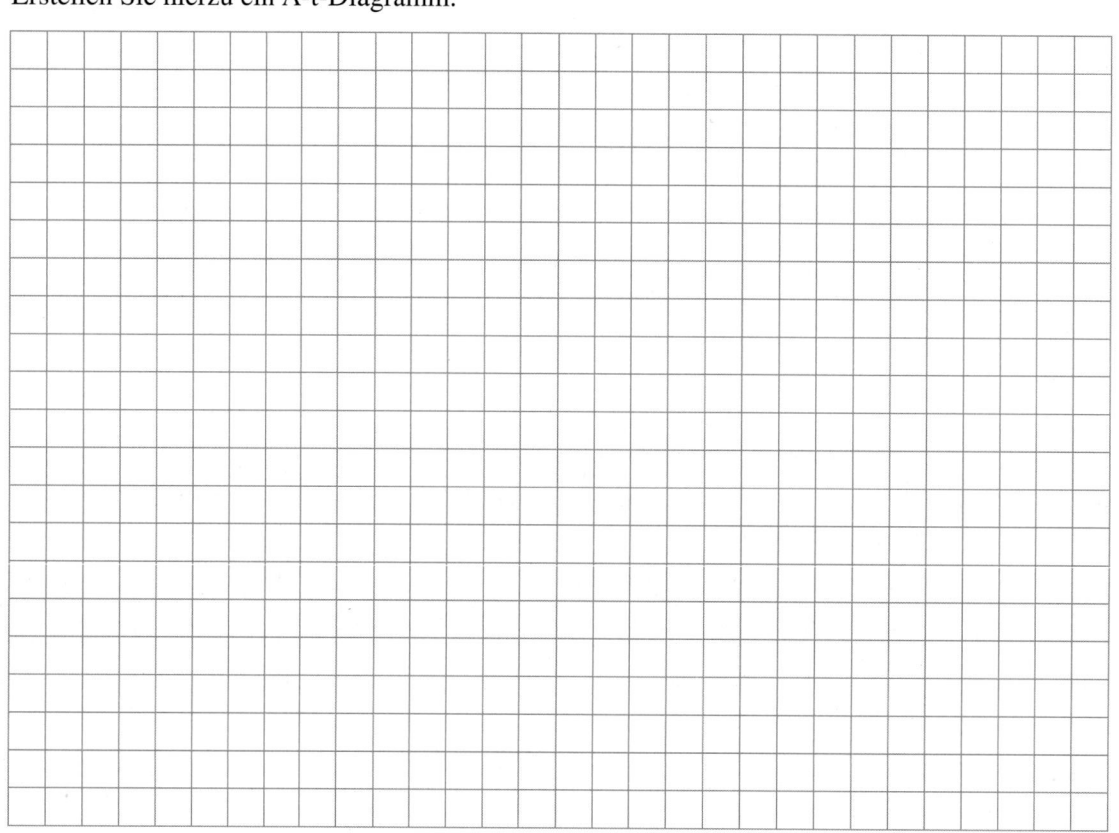

b) Bestimmen Sie die Halbwertszeit grafisch.   ___ von 1

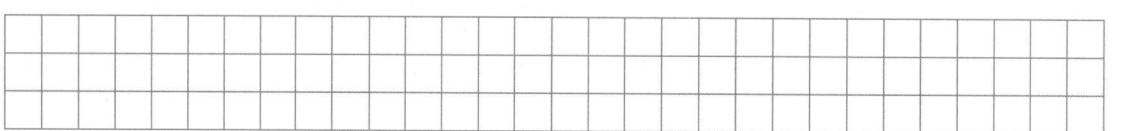

c) Berechnen Sie die Aktivität nach 20 Tagen.   ___ von 3

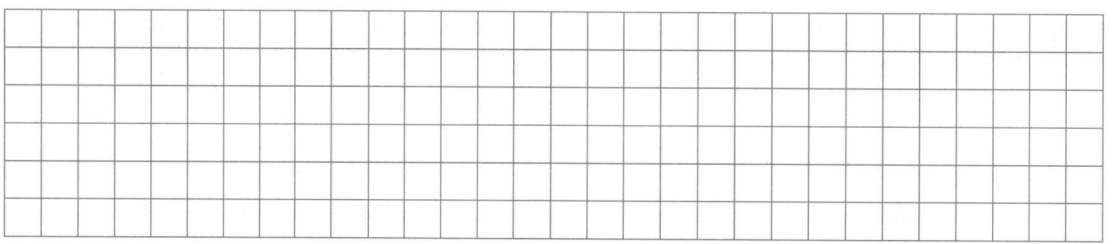

2. Martin behauptet: „Nach zwei Halbwertszeiten sind alle Nuklide zerfallen. Bei Druck oder Wärme auch schon früher."

Nehmen Sie zu diesen zwei Aussagen Stellung.

23

___ von 2

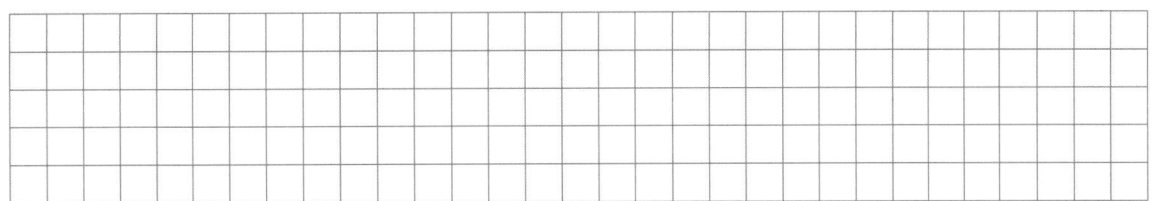

3. Durch den Reaktorunfall von Tschernobyl im Jahr 1986 gelangte u. a. das radioaktive Cäsium-137 in die Böden. Die Halbwertszeit des Radionuklids beträgt 30,1 Jahre. Der Fallout der radioaktiven Stoffe traf vor allem den Süden Bayerns. Die Aktivität von Cs-137 in einem Kilogramm Boden (oberflächennahe Probe) wies dort kurz nach dem Unfall 50 Bq auf.

Wie groß ist diese Aktivität 25 Jahre nach dem Unfall?

___ von 3

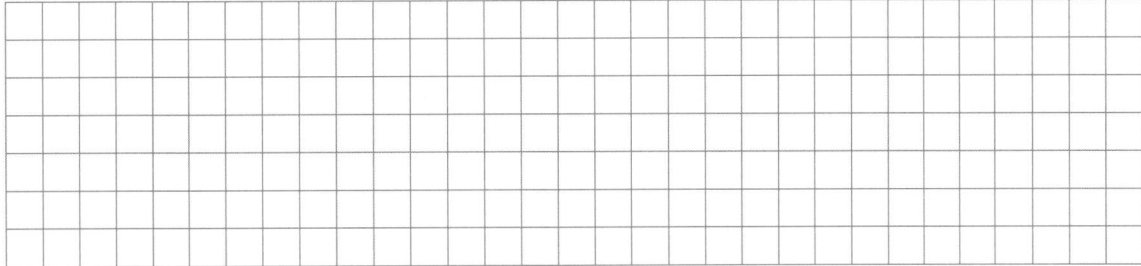

4. Die Halbwertszeit des instabilen Titan-Isotops $^{51}_{22}$Ti soll ermittelt werden. Nach 5,0 Minuten sind 82,0 % der Atome zerfallen.

Berechnen Sie die Halbwertszeit des Radionuklids.

___ von 4

Notenschlüssel

1	2	3	4	5	6
13–15	11–12	9–10	7–8	5–6	0–4

So lange habe ich gebraucht: _____

So viele Punkte habe ich erreicht: _____

▓ Inhalte: Thermische Kraftwerke

▓ Zeitbedarf: 20 Minuten

1. a) Was versteht man unter thermischen Kraftwerken?

___ von 1

b) Geben Sie die drei primären Energieträger an, die dafür infrage kommen.

___ von 1

2. a) Bei der Verbrennung von fossilen Energieträgern werden neben CO_2 auch weitere Abgase freigesetzt.
Nennen Sie die Maßnahmen des Kraftwerks, um diese Emissionen zu verringern.

___ von 1

b) Warum wird die CO_2-Bilanz bei der Verbrennung von Holz als „neutral" bezeichnet?

___ von 1

3. Nennen Sie zwei Vorteile und zwei Nachteile von Kernkraftwerken.

___ von 4

4. In einem Kohlekraftwerk werden in je 2,00 Sekunden 40,00 Kilogramm Braunkohle mit einem Heizwert von 20,0 $\frac{MJ}{kg}$ verbrannt. Der Wirkungsgrad des Kraftwerks beträgt 40,0 %.

a) Wie groß sind die thermische Leistungszufuhr und die elektrische Leistungsabgabe jeweils in MW? [Teilergebnis: $P_{ab} = 160\ MW$]

von 3

b) Wie viele Kilowattstunden elektrische Energie werden in 24,0 Stunden in das Verbundnetz eingespeist? Berechnen Sie zudem die Einnahmen bei 0,15 $\frac{€}{kWh}$.

___ von 2

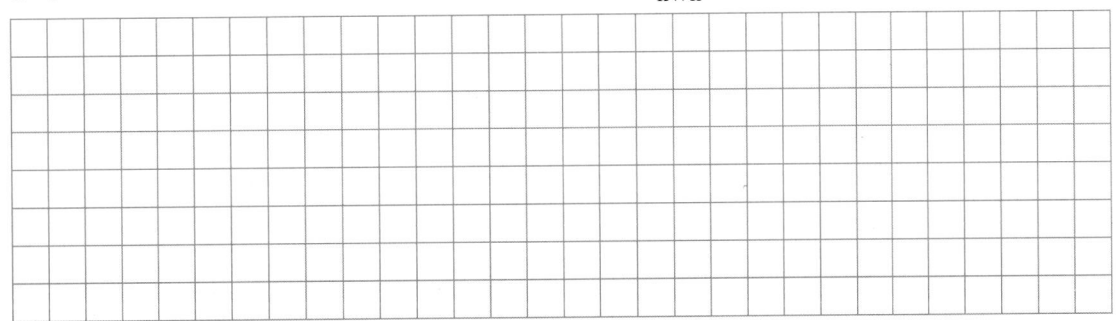

c) In einem Braunkohlekraftwerk werden für die Bereitstellung von 1 MWh elektrischer Energie 580 kg CO_2 produziert.
Berechnen Sie die CO_2-Emission für den Energiebetrag von $3,84 \cdot 10^3$ MWh.

___ von 2

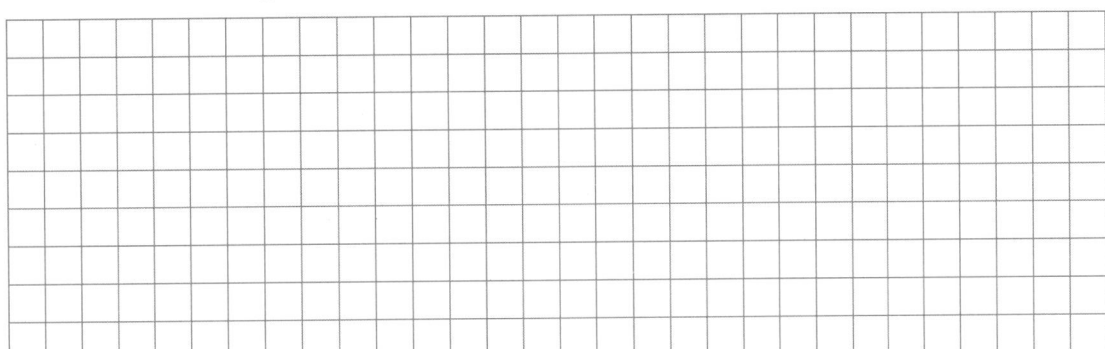

Notenschlüssel

1	2	3	4	5	6
13–15	11–12	9–10	7–8	5–6	0–4

So lange habe ich gebraucht: _____

So viele Punkte habe ich erreicht: _____

▦ Inhalte: Aufbau der Atome, Kernumwandlungen, Kernspaltung und Kernfusion, Gefahren
▦ Zeitbedarf: 45 Minuten

1. a) Beschreiben Sie allgemein den Aufbau eines Atoms und eines Atomkerns. ___ von 2

b) Geben Sie die beiden Kräfte, die im Atomkern wirken, mit Namen, Wirkung und Reichweite an. ___ von 2

2. Finden Sie jeweils das gesuchte Nuklid und geben Sie die Nuklidschreibweise an.

a) Die Ordnungszahl des Nuklids ist 18. Es hat eine Massenzahl von 38. ___ von 1

b) Die Massenzahl des Molybdän-Nuklids beträgt 98. ___ von 1

c) Von dem Nuklid ist bekannt: $A = 195$; $N = 117$ ___ von 1

d) Für das Nuklid gilt: $N - Z = 1$. Befinden sich 10 Elektronen in der Atomhülle, so ist es einfach negativ geladen. ___ von 1

3. a) Was versteht man unter Isotopen? ___ von 1

b) Geben Sie für das Element Wasserstoff zwei Isotope in der Nuklidschreibweise an.

___ von 1

c) Unterscheiden sich Isotope in ihren physikalischen und chemischen Eigenschaften? Begründen Sie Ihre Antworten.

___ von 2

4. Stellen Sie jeweils die Kernreaktionsgleichungen auf bzw. vervollständigen Sie diese.

a) Die erste künstliche Kernumwandlung gelang Rutherford: $^{14}_{7}N + ^{4}_{2}He \rightarrow$ ___ $+ ^{1}_{1}p$

___ von 1

b) Chadwick fand heraus, dass durch den Beschuss eines Beryllium-9-Kerns mit α-Teilchen ein Neutron und ein weiterer Kern entstehen.

___ von 1

c) Wird Plutonium-239 durch ein Neutron gespalten, so entstehen Sr-94, zwei Neutronen und ein weiterer Kern.

___ von 1

5. a) Nennen Sie zwei natürliche und zwei künstliche Strahlenquellen.

___ von 2

b) Was versteht man unter somatischen Schäden und genetischen Schäden?

___ von 1

c) In manchen Berufen ist man ionisierender Strahlung stärker ausgesetzt.
Geben Sie drei Schutzmaßnahmen für solche Arbeitsplätze an.

___ von 2

6. Nennen Sie jeweils zwei Anwendungen von radioaktiven Stoffen in der Medizin und in der Technik. ___ von 2

7. Die C-14-Methode ist eine häufig verwendete Vorgehensweise zur Altersbestimmung von toten Organismen und organischen Stoffen. Dabei wird das radioaktive Kohlenstoff-Isotop C-14 mit der Halbwertszeit von 5 730 Jahren betrachtet.

a) Erklären Sie die C-14-Methode.

___ von 4

b) Für ein in Sibirien gefundenes Mammut soll das Alter bestimmt werden. Die Messung der Aktivität einer Kohlenstoff-Probe ergab, dass die Aktivität nur noch 12,5 % des ursprünglichen Wertes betrug.
Bestimmen Sie das Alter des Mammuts, ohne das Zerfallsgesetz anzuwenden.

___ von 2

8. a) In der Sonne entstehen durch die Verschmelzung von Deuterium und Tritium das Element Helium und ein weiteres Teilchen.
Geben Sie die Kernreaktionsgleichung an.

___ von 1

b) Um diesen Vorgang im Labor bzw. für einen Fusionsreaktor durchführen zu können, sind Temperaturen von ca. 100 Mio. °C nötig.
Geben Sie hierfür eine Begründung an.

___ von 1

9. In Kernkraftwerken werden schwere Atomkerne gespalten. Dadurch wird Energie freigesetzt.

a) Bei der Kernspaltung von Uran-235 entstehen Krypton-89, ein weiterer Kern und drei Neutronen.
Stellen Sie die Kernreaktionsgleichung auf.

___ von 1

b) Erklären Sie, was man unter thermischen Neutronen versteht und wozu sie benötigt werden.

___ von 1

c) Welche beiden Funktionen hat das Wasser im Druckwasserreaktor?

___ von 1

d) Erläutern Sie, wie erreicht wird, dass die Kettenreaktion im Reaktor kontrolliert abläuft.

___ von 1

Notenschlüssel

1	2	3	4	5	6
29–34	25–28	21–24	17–20	9–16	0–8

So lange habe ich gebraucht: _____

So viele Punkte habe ich erreicht: _____

■ Inhalte: Energieträger und Umwelt, Kraftwerke mit regenerativer Energie, Umgang mit Energie
■ Zeitbedarf: 45 Minuten

1. a) Erklären Sie am Beispiel eines Kohlekraftwerks den Unterschied zwischen primären und
sekundären Energieträgern.

___ von 2

b) Was versteht man unter regenerativen Energieträgern? Geben Sie hierzu zwei Beispiele an.

___ von 2

2. Nennen Sie jeweils für die Bereiche Heizung, Auto, Warmwasser und elektrische Geräte einen
Vorschlag zur Einsparung von Energie.

___ von 4

3. a) Interpretieren Sie das Diagramm.

___ von 2

b) Erklären Sie, warum das Gas Kohlenstoffdioxid für das Klima der Erde schädlich ist.

___ von 2

4. Rechnen Sie jeweils in die angegebene Einheit um.

a) $5,0\ kWh =$ _____ MJ   **b)** $36\ MJ =$ _____ kWh   **c)** $14,4\ GJ =$ _____ MWh   ___ von 3

5. In einem Laufwasserkraftwerk wird ein Fluss aufgestaut. Der Höhenunterschied beträgt 7,00 Meter. In 1,00 Sekunden gehen 300 m³ Wasser durch die Turbinen. Der Wirkungsgrad des Kraftwerks beträgt 85 %.

   a) Berechnen Sie die zugeführte mechanische Leistung in MW. ___ von 3

   b) Wie groß ist die elektrische Leistungsabgabe in das Verbundnetz? ___ von 1

6. **a)** Beschreiben Sie den Aufbau eines Pumpspeicherkraftwerks. ___ von 2

   b) Aus energetischer Sicht ergibt es wenig Sinn, das Wasser wieder zurückzupumpen. Warum wird dies dennoch gemacht? ___ von 2

7. **a)** Beschriften Sie den Aufbau des Sonnenkollektors. ___ von 3

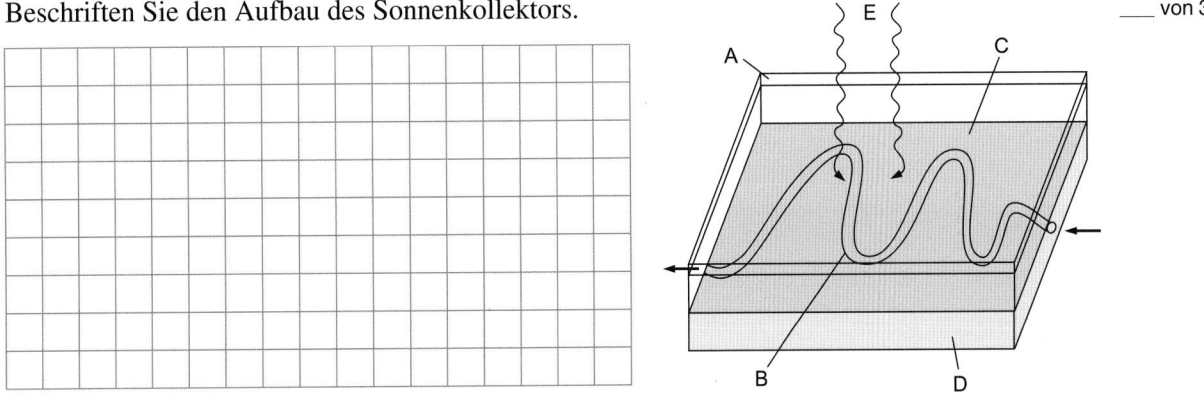

b) Erklären Sie die Funktionsweise, indem Sie auf die Energieumwandlungen eingehen.

___ von 2

8. Auf einem Hausdach ist eine Fotovoltaik-Anlage mit einer Fläche von 30 m² installiert. Die Solarzellen bestehen aus polykristallinem Silizium mit einem Wirkungsgrad von 15 %. Die elektrische Energie soll in das Verbundnetz eingespeist werden und als zusätzliche Einnahmequelle dienen.

a) An einem klaren sonnigen Tag beträgt die Strahlungsleistung der Sonne auf einen Quadratmeter der Module 900 W.
Berechnen Sie die elektrische Leistung der Anlage. [Ergebnis: $P_{ab,\,el} = 4{,}1$ kW]

___ von 2

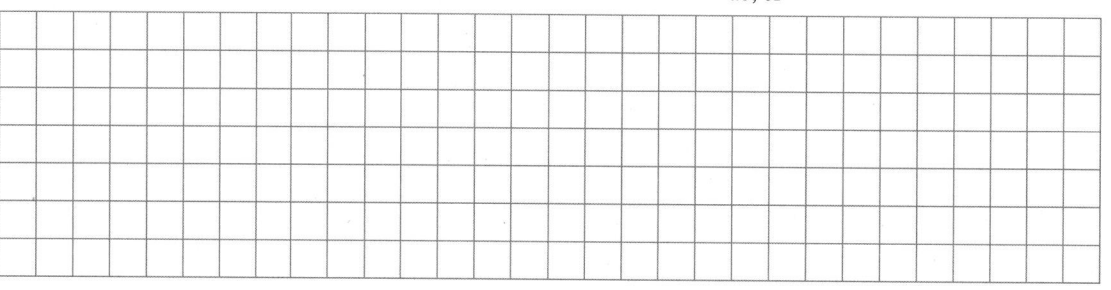

b) Wie lange dauert es, um 15,0 kWh in das Stromnetz einzuspeisen?

___ von 1

c) Für die Module beträgt das jährliche Strahlungsangebot 1 100 kWh/m². Dem Betreiber steht eine Einspeisevergütung von 25 Cent pro Kilowattstunde zu.
Berechnen Sie die jährlichen Einnahmen.

___ von 3

Notenschlüssel

1	2	3	4	5	6
29–34	25–28	21–24	17–20	9–16	0–8

So lange habe ich gebraucht: _____

So viele Punkte habe ich erreicht: _____

Lösungen

Test 1

1. a) 🕐 2 Minuten,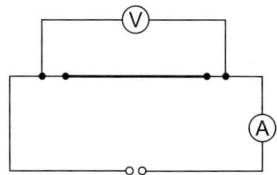

b) 🕐 4 Minuten, 🧠🧠.

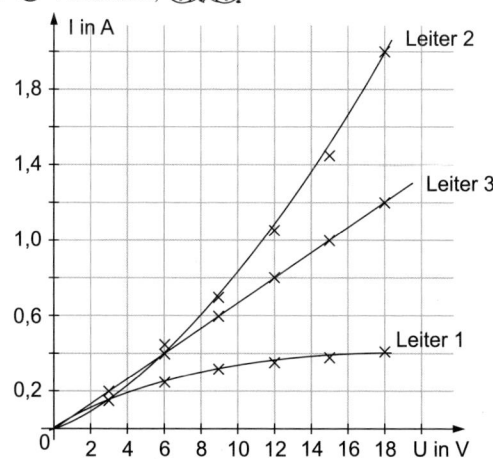

c) 🕐 2 Minuten, 🧠🧠.

Leiter 1: Mit zunehmender Spannung flacht die Leiterkennlinie ab.
Leiter 2: Mit zunehmender Spannung wird die Leiterkennlinie steiler.
Leiter 3: Die Leiterkennlinie ist eine Ursprungsstrecke.

d) 🕐 1 Minute, 🧠🧠.

Leiter 1: Eisen (ungekühlt)
Leiter 2: Graphit
Leiter 3: Konstantan

2. a) ⏱ 2 Minuten, ✍

Ohmsches Gesetz: Die elektrische Stromstärke I im Leiter ist direkt proportional zur anliegenden elektrischen Spannung U.

b) ⏱ 1 Minute, ✍

In diesen Fällen ist das ohmsche Gesetz gültig:
- für Konstantan
- für Metalle bei konstanter Temperatur

3. ⏱ 3 Minuten, ✍✍

Jeder metallische Leiter besteht aus Atomrümpfen (positiv geladen, ortsfest, schwingend) und Elektronen (negativ geladen, frei beweglich).
Wird eine elektrische Spannung angelegt, bewegen sich die Elektronen zum Pluspol hin. Auf ihrem Weg prallen sie immer wieder gegen die schwingenden Atomrümpfe. Die Bewegung der Elektronen wird behindert.

4. ⏱ 3 Minuten, ✍✍

geg.: $P = 12$ W; $U = 30$ V
ges.: I; R

$$P = U \cdot I \implies I = \frac{P}{U}$$

$$I = \frac{12 \text{ W}}{30 \text{ V}}; \quad I = 0,40 \text{ A}$$

$$R = \frac{U}{I}$$

$$R = \frac{30 \text{ V}}{0,40 \text{ A}}; \quad R = 75 \, \Omega$$

5. a) ⏱ 1 Minute, ✍

Die elektrische Spannung ist ein Maß dafür, **wie stark die Elektronen angetrieben werden.**
Oder: … **wie viel Arbeit pro Elektron verrichtet werden kann.**

b) ⏱ 1 Minute, ✍

Die elektrische Stromstärke ist ein Maß dafür, **wie viele Elektronen pro Zeit durch die Querschnittsfläche eines Leiters fließen.**

Test 2

1. a) ⊙ 1 Minute, 🔄🔄.

Es handelt sich um eine Reihenschaltung.

b) ⊙ 2 Minuten, 🔄🔄.

Die hohe anliegende Spannung der Steckdose wird auf die vielen Lämpchen aufgeteilt.

2. ⊙ 8 Minuten, 🔄🔄 🔄.

Stromstärken

$I_{RS} = I_1 = I_2$ (da Reihenschaltung) $\Rightarrow$ $I_{RS} = 0,30$ A; $I_1 = 0,30$ A

Spannungsabfall am R_1

$R_1 = \dfrac{U_1}{I_1}$ $\Rightarrow$ $U_1 = R_1 \cdot I_1$; $U_1 = 10\,\Omega \cdot 0,30$ A; $U_1 = 3,0$ V

Spannungsabfall am R_2

$U_{RS} = U_1 + U_2$ (da Reihenschaltung) $\Rightarrow$ $U_2 = U_{RS} - U_1$

$U_2 = 12,0$ V $- 3,0$ V; $U_2 = 9,0$ V

Widerstand R_2

$R_2 = \dfrac{U_2}{I_2}$

$R_2 = \dfrac{9,0\ \text{V}}{0,30\ \text{A}}$; $R_2 = 30\,\Omega$

Ersatzwiderstand der Reihenschaltung

$R_{RS} = R_1 + R_2$;

$R_{RS} = 10\,\Omega + 30\,\Omega$; $R_{RS} = 40\,\Omega$

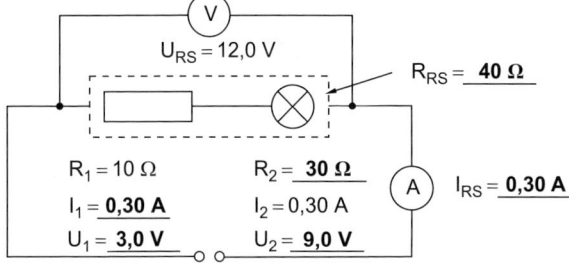

3. a) 🕐 1 Minute, ✍️🔍

$$R_1 = 100\ \Omega$$
$$R_2 = 300\ \Omega$$
$$U = 20\ V$$

b) 🕐 3 Minuten, ✍️🔍

geg.: $R_1 = 100\ \Omega$; $R_2 = 300\ \Omega$; $U = 20\ V$
ges.: R_{PS}; I_{PS}

Gesamtwiderstand

$$R_{PS} = \frac{R_1 \cdot R_2}{R_1 + R_2}$$

$$R_{PS} = \frac{100\ \Omega \cdot 300\ \Omega}{100\ \Omega + 300\ \Omega};\quad R_{PS} = 75,0\ \Omega$$

Gesamtstromstärke

$$R_{PS} = \frac{U_{PS}}{I_{PS}} \;\Rightarrow\; I_{PS} = \frac{U_{PS}}{R_{PS}}$$

$$I_{PS} = \frac{20\ V}{75,0\ \Omega};\quad I_{PS} = 0,27\ A$$

4. 🕐 5 Minuten, ✍️🔍✍️

geg.: $U_L = 3,0\ V$; $R_L = 10\ \Omega$; $U = 4,5\ V$
ges.: U_V

Stromstärke durch das Lämpchen

$$R_L = \frac{U_L}{I_L} \;\Rightarrow\; I_L = \frac{U_L}{R_L}$$

$$I_L = \frac{3,0\ V}{10\ \Omega};\quad I_L = 0,30\ A$$

Stromstärke durch den Vorwiderstand

$I_{RS} = I_L = I_V$ (da Reihenschaltung) $\Rightarrow I_V = 0,30\ A$

Spannungsabfall am Vorwiderstand

$U_{RS} = U_L + U_V$ (da Reihenschaltung) $\Rightarrow U_V = U_{RS} - U_L$

$$U_V = 4,5\ V - 3,0\ V;\quad U_V = 1,5\ V$$

Vorwiderstand

$$R_V = \frac{U_V}{I_V}$$

$$R_V = \frac{1,5\ V}{0,30\ A};\quad R_V = 5,0\ \Omega$$

Test 3

1. a) ⏲ 2 Minuten, 🖊.

Unter Dotierung versteht man den gezielten Einbau von Fremdatomen. Dadurch soll die Leitfähigkeit verbessert werden.

b) ⏲ 1 Minute, 🖊.

n-Dotierung: Arsen-Atome
p-Dotierung: Bor-Atome

2. a) ⏲ 2 Minuten, 🖊🔍.

Eine Halbleiterdiode ist eine Verbindung aus einem n-dotierten und einem p-dotierten Halbleiter.

b) ⏲ 5 Minuten, 🖊🔍🖊.

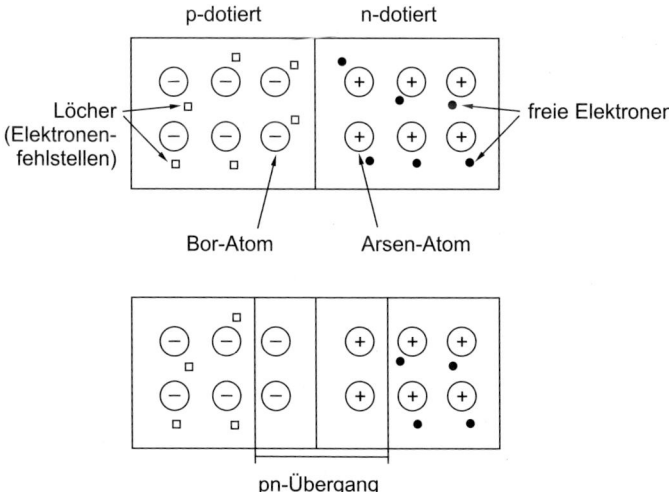

Das wesentliche Merkmal des pn-Übergangs ist, dass sehr wenige frei bewegliche Ladungsträger darin vorkommen.

c) ⏲ 1 Minute, 🖊.

Anwendungen:
- Gleichrichter
- Leuchtdiode

a) 🕐 4 Minuten, 🫘🫘

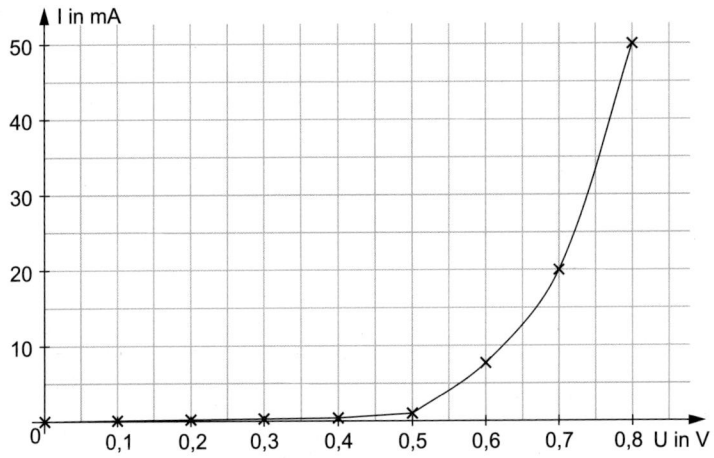

b) 🕐 2 Minuten, 🫘🫘

Bei zunehmender Spannung steigt die Stromstärke zunächst langsam an und ab einem gewissen Wert deutlich schneller.
Die Schleusenspannung beträgt ca. 0,6 V.

c) 🕐 2 Minuten, 🫘🫘

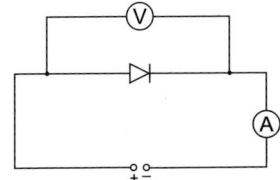

Hinweis: Beachten Sie die Orientierung des Schaltsymbols für die Halbleiterdiode.

d) 🕐 1 Minute, 🫘🫘

Die Elektronen haben noch nicht ausreichend Energie, um die Grenzschicht (den pn-Übergang) zu überwinden.

Schulaufgabe 1

1. 🕐 2 Minuten, ✐.

   Nimmt die Temperatur zu, schwingen die Atomrümpfe heftiger. Die Elektronen werden auf ihrem Weg stärker behindert. Der Widerstand nimmt zu.

2. 🕐 2 Minuten, ✐.

	Heißleiter	Kaltleiter
Bei zunehmender Temperatur … der elektrische Widerstand.	sinkt	steigt
Beispielmaterial	Graphit	Kupfer

3. 🕐 4 Minuten, ✐✎.

   Die Tankfüllung kommt mit der Sonde/dem Kaltleiter in Berührung.
   Die Temperatur des Kaltleiters sinkt und damit auch sein Widerstand.
   Im Stromkreis liegt eine höhere Stromstärke vor. Dadurch kann der Schließmechanismus einsetzen.

4. a) 🕐 2 Minuten, ✐.

   Unter Supraleitung versteht man, dass der Widerstand eines Materials verschwindet, wenn die sogenannte Sprungtemperatur unterschritten wird.

   b) 🕐 2 Minuten, ✐.

   Anwendungen:
   - Erzeugung starker Magnetfelder
   - verlustfreier Transport von elektrischer Energie

5. a) 🕐 3 Minuten, ✐✎.

ℓ in dm	10,0	15,0	20,0	25,0	30,0	35,0
R in Ω	1,97[1]	2,94	3,95	4,69	5,88	7,14

   b) 🕐 4 Minuten, ✐✎.

ℓ in dm	10,0	15,0	20,0	25,0	30,0	35,0
$\dfrac{R}{\ell}$ in $\dfrac{\Omega}{dm}$	0,197	0,196	0,198	0,188	0,196	0,204

   Beobachtung:
   Die Quotientenwerte von $\frac{R}{\ell}$ sind fast gleich. Aus der Quotientengleichheit folgt die direkte Proportionalität zwischen R und ℓ.

---

[1] Berechnung des Tabelleneintrags: $R = \dfrac{U}{I}$; $R = \dfrac{3,00\,\text{V}}{1,52\,\text{A}} = 1,97\,\Omega$

c) 🕘 7 Minuten, ✏️✏️ ✏️.

geg.: $A = 0{,}25\ mm^2$; $U = 3{,}00\ V$

ges.: R

Mittelwert der Messwerte

$$\overline{\left(\frac{R}{\ell}\right)} = \frac{0{,}197 + 0{,}196 + 0{,}198 + 0{,}188 + 0{,}196 + 0{,}204}{6}\ \frac{\Omega}{dm}$$

$$\overline{\left(\frac{R}{\ell}\right)} = 0{,}197\ \frac{\Omega}{dm}$$

Spezifischer Widerstand

$$R = \rho \cdot \frac{\ell}{A} \quad \Rightarrow \quad \rho = \frac{R}{\ell} \cdot A$$

$$\rho = \overline{\left(\frac{R}{\ell}\right)} \cdot A$$

$$\rho = 0{,}197\ \frac{\Omega}{dm} \cdot 0{,}25\ mm^2$$

$$\rho = 0{,}49\ \frac{\Omega \cdot mm^2}{m}$$

Es könnte sich um Konstantan handeln (siehe Formelsammlung).

6. a) 🕘 1 Minute, ✏️.

6,0 Ω

b) 🕘 1 Minute, ✏️✏️.

12,0 Ω

c) 🕘 1 Minute, ✏️.

3,0 Ω

d) 🕘 2 Minuten, ✏️✏️.

15,0 Ω

7. ⏱ 3 Minuten, 🪱.

geg.: $\ell = 30$ m; $A = 0,20$ mm^2; $\rho_{Fe} = 0,10\,\dfrac{\Omega \cdot \text{mm}^2}{\text{m}}$
ges.: R

$$R = \rho \cdot \frac{\ell}{A}$$

$$R = 0,10\,\frac{\Omega \cdot \text{mm}^2}{\text{m}} \cdot \frac{30\,\text{m}}{0,20\,\text{mm}^2}; \quad R = 15\,\Omega$$

8. ⏱ 5 Minuten, 🪱🐚.

geg.: $d = 0,50$ mm; $R = 8,0\,\Omega$; $\rho_{Al} = 0,028\,\dfrac{\Omega \cdot \text{mm}^2}{\text{m}}$
ges.: ℓ

Querschnittsfläche

$$A = \pi \cdot \left(\frac{d}{2}\right)^2$$

$$A = \pi \cdot (0,25\,\text{mm})^2; \quad A = 0,20\,\text{mm}^2$$

Länge

$$R = \rho \cdot \frac{\ell}{A} \implies \ell = \frac{R \cdot A}{\rho}$$

$$\ell = \frac{8,0\,\Omega \cdot 0,20\,\text{mm}^2}{0,028\,\frac{\Omega \cdot \text{mm}^2}{\text{m}}}; \quad \ell = 57\,\text{m}$$

9. ⏱ 6 Minuten, 🪱🐚.

geg.: $R = 400\,\Omega$; $\ell = 40,0$ m; $\rho = 0,50\,\dfrac{\Omega \cdot \text{mm}^2}{\text{m}}$
ges.: r

Querschnittsfläche

$$R = \rho \cdot \frac{\ell}{A} \implies A = \frac{\rho \cdot \ell}{R}$$

$$A = \frac{0,50\,\frac{\Omega \cdot \text{mm}^2}{\text{m}} \cdot 40,0\,\text{m}}{400\,\Omega}; \quad A = 0,050\,\text{mm}^2$$

Radius der Querschnittsfläche

$$A = \pi \cdot r^2 \implies r = \sqrt{\frac{A}{\pi}}$$

$$r = \sqrt{\frac{0,050\,\text{mm}^2}{\pi}}; \quad r = 0,13\,\text{mm}$$

1. a) 🕐 6 Minuten, 🧠🧠

Durch das Schütteln wird ein beweglicher Permanentmagnet relativ zu einer Spule hin- und herbewegt.
In der Spule wird durch die ständige Änderung des Magnetfelds eine Spannung (mit wechselndem Betrag und Vorzeichen) induziert.
In einem geschlossenen Stromkreis fließt Induktionsstrom. Das Lämpchen leuchtet.

b) 🕐 5 Minuten, 🧠🧠

Mögliche Maßnahmen:
- höhere Windungszahl der Spule
- schnellere Bewegung der Taschenlampe
- Permanentmagnet mit stärkerem Magnetfeld

2. 🕐 6 Minuten, 🧠🧠

Durch die an der Ladestation anliegende Wechselspannung liegt ein magnetisches Wechselfeld vor.
Auf die Induktionsspule wirkt eine ständige Magnetfeldänderung ein.
In der zweiten Spule wird durchgehend eine Spannung (mit wechselndem Betrag und Vorzeichen) induziert.
In dem geschlossenen Stromkreis fließt ein Induktionsstrom.

3. 🕐 5 Minuten, 🧠🧠

	messbar	nicht messbar	Hinweise
a)	☒	☐	Durch das Schließen des Schalters, wird in Spule 1 ein Magnetfeld aufgebaut, das in Spule 2 eine Spannung induziert.
b)	☐	☒	Keine Änderung des Magnetfelds in Spule 1.
c)	☒	☐	Änderung des Widerstands bewirkt eine Änderung des Stromflusses und damit eine Änderung des Magnetfelds in Spule 1, die in Spule 2 eine Spannung induziert.
d)	☒	☐	Änderung des Widerstands bewirkt eine Änderung des Stromflusses und damit eine Änderung des Magnetfelds in Spule 1, die in Spule 2 eine Spannung induziert.
e)	☐	☒	Keine Änderung des Magnetfelds in Spule 1.
f)	☒	☐	Änderung des Magnetfelds in Spule 1, die in Spule 2 eine Spannung induziert.

4. a) 🕐 2 Minuten, ✏️🔍

Bei der Annäherung wird der Ring von dem Stabmagneten abgestoßen.

b) 🕐 6 Minuten, ✏️🔍

Durch das Hinbewegen des Stabmagneten zum Ring findet in dem Ring eine Zunahme des Magnetfelds statt.
Der Ring bildet durch den Induktionsstrom ein Magnetfeld aus, welches nach der lenzschen Regel der Zunahme entgegenwirkt.
Zum angenäherten magnetischen Nordpol bildet der Ring einen magnetischen Nordpol aus.
Der Ring wird dadurch abgestoßen.

c) 🕐 2 Minuten, ✏️🔍

Es gibt keine Wechselwirkung zwischen Stabmagnet und Ring.

5. a) 🕐 6 Minuten, ✏️🔍 ✏️

Tritt das Metallschwert des Wagens in das Magnetfeld ein, so findet in dem Metallschwert eine Magnetfeldänderung statt.
In dem Metallschwert bilden sich Wirbelströme. Diese sind nach der lenzschen Regel so gerichtet, dass sie ihrer Entstehungsursache entgegenwirken.
Gleichnamige magnetische Pole stehen sich gegenüber.
Es kommt zur Abstoßung und der Wagen wird abgebremst.

b) 🕐 1 Minute, ✏️🔍

Die Bremsen funktionieren auch bei Stromausfall.

6. 🕐 6 Minuten, ✏️🔍 ✏️

An der Spule unter der Glaskeramikplatte liegt eine Wechselspannung mit hoher Frequenz an.
Folglich fließt ein Wechselstrom mit hoher Frequenz.
Es entsteht ein magnetisches Wechselfeld, das auch den Topfboden durchsetzt.
In dem Topfboden bilden sich starke Wirbelströme aus.
Die Temperatur im Topfboden nimmt zu.

1. a) ⏲ 2 Minuten, 🌐.

   Bei einem Außenpolgenerator ist der Rotor eine Spule und der Stator ein Magnet. Bei einem Innenpolgenerator ist dies umgekehrt.

   b) ⏲ 2 Minuten, 🌐.

   Um die Spannung bei der rotierenden Spule abzugreifen, werden ein Schleifring und Schleifkontakte benötigt.

2. a) ⏲ 3 Minuten, 🌐🌐.

   Nachteile des Außenpolgenerators:
   - Bei einem Außenpolgenerator muss die Spannung mit Schleifkontakten abgegriffen werden. Aufgrund der starken Ströme würden die Schleifkontakte schnell verschmoren.
   - Die Leistung des Außenpolgenerators ist begrenzt.

   b) ⏲ 2 Minuten, 🌐🌐.

   Vorteile bei Elektromagneten:
   - Mit Elektromagneten können stärkere Magnetfelder erzeugt werden.
   - Das Magnetfeld eines Elektromagneten wird mit der Zeit nicht schwächer.

3. ⏲ 6 Minuten, 🌐🌐.

   geg.: $\eta = 0{,}920$; $E_{zu,\,mech} = 44\,400$ MJ; $t = 1$ min (exakt)
   ges.: $P_{ab,\,el}$

   Zugeführte mechanische Leistung

   $$P_{zu,\,mech} = \frac{E_{zu,\,mech}}{t}$$

   $$P_{zu,\,mech} = \frac{44\,400\text{ MJ}}{60\text{ s}}; \quad P_{zu,\,mech} = 740{,}00\text{ MW}$$

   Abgegebene elektrische Leistung

   $$\eta = \frac{P_{ab,\,el}}{P_{zu,\,mech}} \quad \Rightarrow \quad P_{ab,\,el} = \eta \cdot P_{zu,\,mech}$$

   $$P_{ab,\,el} = 0{,}920 \cdot 740{,}00\text{ MW}; \quad P_{ab,\,el} = 681\text{ MW}$$

4. a) ⏲ 2 Minuten, 🌐.

   Eine Wechselspannung ist eine Spannung, deren Betrag und Richtung sich periodisch ändern.

b) 🕓 3 Minuten, 🖊️.

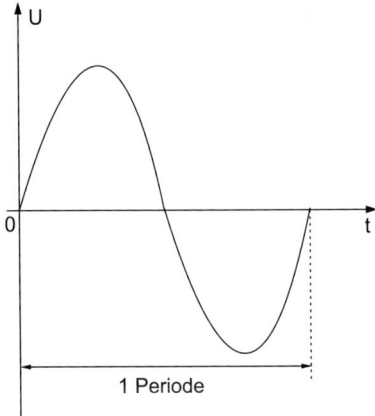

1 Periode

5. a) 🕓 3 Minuten, 🖊️🖊️🖊️.
Auf das Elektron wirkt die Lorentz-Kraft, da es sich um eine bewegte Ladung in einem Magnetfeld handelt. Mit der Linke-Hand-Regel lässt sich die Richtung bestimmen.

b) 🕓 2 Minuten, 🖊️🖊️🖊️.
Polung von S1: –
Polung von S2: +

c) 🕓 1 Minute, 🖊️🖊️🖊️.
Ist die Leiterschleife um 90° weiter gedreht worden, so ist in diesem Moment die Spannung 0 V.

6. a) 🕓 4 Minuten, 🖊️🖊️.
Die Primärspule besitzt ein magnetisches Wechselfeld.
Der Eisenkern verstärkt das magnetische Wechselfeld und überträgt es zur Sekundärspule.
Auf die Sekundärspule wirkt eine ständige Magnetfeldänderung ein.
In der Sekundärspule wird eine Wechselspannung induziert.

b) 🕓 2 Minuten, 🖊️🖊️.
Gründe dafür, dass ein Transformator kein idealer Energiewandler ist:
• Erwärmung der Spulendrähte
• Erwärmung des Weicheisenkerns durch Wirbelströme

14 / 7. a) 🕐 3 Minuten, ✍️🔍

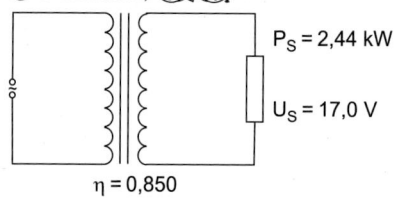

$P_S = 2,44$ kW

$U_S = 17,0$ V

$\eta = 0,850$

b) 🕐 6 Minuten, ✍️🔍

geg.: $P_S = 2,44$ kW; $\eta = 0,850$; $U_S = 17,0$ V
ges.: P_P; I_S

Primärleistung

$$\eta = \frac{P_S}{P_P} \Rightarrow P_P = \frac{P_S}{\eta}$$

$$P_P = \frac{2,44 \text{ kW}}{0,850}; \quad P_P = 2,87 \text{ kW}$$

Sekundärstromstärke

$$P_S = U_S \cdot I_S \Rightarrow I_S = \frac{P_S}{U_S}$$

$$I_S = \frac{2,44 \text{ kW}}{17,0 \text{ V}}; \quad I_S = \frac{2,44 \cdot 10^3 \text{ W}}{17,0 \text{ V}}; \quad I_S = 144 \text{ A}$$

8. 🕐 4 Minuten, ✍️🔍

Bezeichnung	Niederspannungs-transformator	Hochspannungs-transformator	Hochstrom-transformator
Physikalisches Merkmal	$n_p > n_s^2$	$n_p < n_s$	$n_p > n_s$ geringer Widerstand im Sekundärkreis
Anwendung	Netzteil für Laptop	Zündspule	Punktschweißen

2 Die Windungszahl der Primärspule ist n_p; die Windungszahl der Sekundärspule ist n_s.

Schulaufgabe 4

1. a) 🕐 3 Minuten,

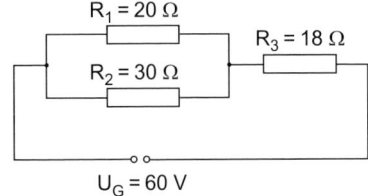

$R_1 = 20\ \Omega$

$R_3 = 18\ \Omega$

$R_2 = 30\ \Omega$

$U_G = 60\ V$

b) 🕐 5 Minuten,

geg.: $R_1 = 20\ \Omega$; $R_2 = 30\ \Omega$; $R_3 = 18\ \Omega$; $U_G = 60\ V$
ges.: R_{ges}; I_{ges}

Ersatzwiderstand der Parallelschaltung

$$R_{PS} = \frac{R_1 \cdot R_2}{R_1 + R_2}$$

$$R_{PS} = \frac{20\ \Omega \cdot 30\ \Omega}{20\ \Omega + 30\ \Omega};\quad R_{PS} = 12\ \Omega$$

Gesamtwiderstand
$R_G = R_{PS} + R_3$ (da Reihenschaltung)
$R_G = 12\ \Omega + 18\ \Omega$; $R_G = 30\ \Omega$

Gesamtstromstärke

$$R_G = \frac{U_G}{I_G} \Rightarrow I_G = \frac{U_G}{R_G}$$

$$I_G = \frac{60\ V}{30\ \Omega};\quad I_G = 2{,}0\ A$$

c) 🕐 6 Minuten,

Stromstärke durch den R_3
$I_G = I_{PS} = I_3$ (da Reihenschaltung)
$\Rightarrow I_3 = 2{,}0\ A$

Spannungsabfall am R_3

$$R_3 = \frac{U_3}{I_3} \Rightarrow U_3 = R_3 \cdot I_3$$

$$U_3 = 18\ \Omega \cdot 2{,}0\ A;\quad U_3 = 36\ V$$

Spannungsabfall an der Parallelschaltung

$U_G = U_{PS} + U_3$ (da Reihenschaltung)

$\Rightarrow U_{PS} = U_G - U_3$

$U_{PS} = 60\,V - 36\,V;\quad U_{PS} = 24\,V$

Spannungsabfall an R_1 und R_2

$U_{PS} = U_1 = U_2$ (da Parallelschaltung)

$\Rightarrow U_1 = 24\,V;\quad U_2 = 24\,V$

Stromstärke durch R_1

$R_1 = \dfrac{U_1}{I_1} \Rightarrow I_1 = \dfrac{U_1}{R_1}$

$I_1 = \dfrac{24\,V}{20\,\Omega};\quad I_1 = 1,2\,A$

Stromstärke durch R_2

$I_G = I_1 + I_2$ (da Parallelschaltung)

$\Rightarrow I_2 = I_G - I_1$

$I_2 = 2,0\,A - 1,2\,A;\quad I_2 = 0,8\,A$

2. a) 🕐 3 Minuten, ✐✐

Es muss ein Teil der Spannung an dem Vorwiderstand abfallen, damit das Messgerät nicht überlastet wird. Dafür kommt nur die Reihenschaltung infrage, da nur bei dieser eine Aufteilung des Spannungsabfalls ermöglicht wird.

b) 🕐 5 Minuten, ✐✐✐

geg.: $U_{i,\,max} = 10\,V;\ R_V = 10,0\,k\Omega;\ U_{max,\,erw} = 100\,V$

ges.: R_i

Spannungsabfall am Vorwiderstand

$U_{max,\,erw} = U_{i,\,max} + U_V$

$\Rightarrow U_V = U_{max,\,erw} - U_{i,\,max}$

$U_V = 100\,V - 10\,V;\quad U_V = 90\,V$

Innenwiderstand des alten Messgeräts

$\dfrac{R_V}{R_i} = \dfrac{U_V}{U_{i,\,max}} \Rightarrow R_i = \dfrac{U_{i,\,max}}{U_V} \cdot R_V$

$R_i = \dfrac{10\,V}{90\,V} \cdot 10,0\,k\Omega;\quad R_i = 1,1\,\dfrac{V}{V} \cdot k\Omega;\quad R_i = 1,1\,k\Omega$

c) 🕐 2 Minuten,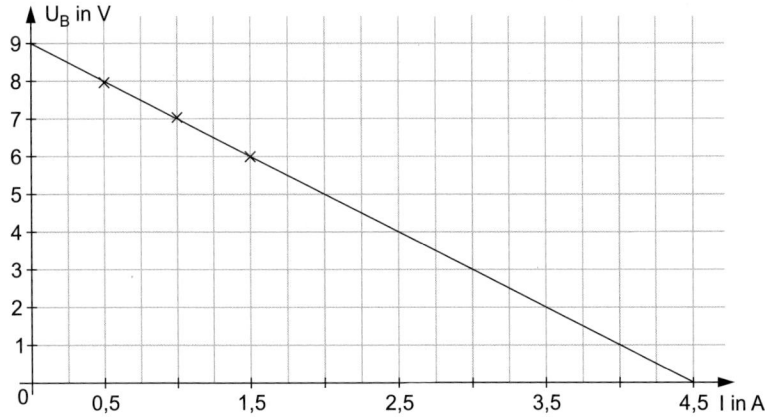

Die bisherige Skala (0 V bis 10 V) muss gegen die neue Skala (0 V bis 100 V) für den erweiterten Messbereich getauscht werden.

3. 🕐 5 Minuten,

geg.: $I_{max, erw} = 30$ mA; $I_{i, max} = 3{,}0$ mA; $R_N = 10\ \Omega$
ges.: R_i

Stromstärke durch den Nebenwiderstand
$I_{max, erw} = I_{i, max} + I_N$
$\Rightarrow I_N = I_{max, erw} - I_{i, max}$
$\quad I_N = 30$ mA $- 3{,}0$ mA; $\quad I_N = 27$ mA

Innenwiderstand
$$\frac{R_N}{R_i} = \frac{I_{i, max}}{I_N} \quad \Rightarrow \quad R_i = R_N \cdot \frac{I_N}{I_{i, max}}$$

$$R_i = 10\ \Omega \cdot \frac{27\ \text{mA}}{3{,}0\ \text{mA}}; \quad R_i = 90\ \Omega$$

4. a) 🕐 4 Minuten,

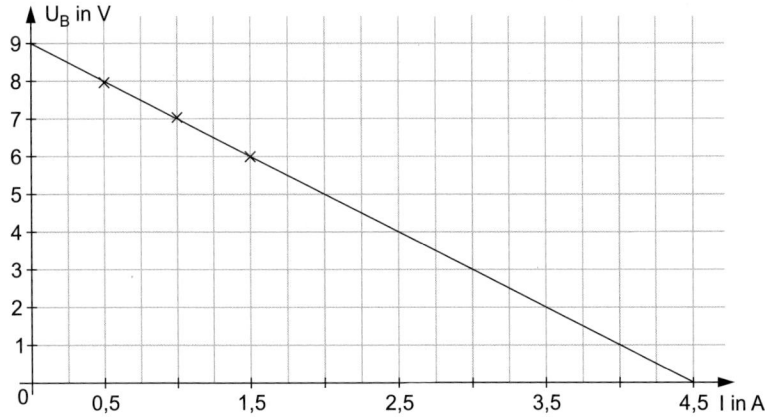

b) 🕐 2 Minuten,

Fließt Strom im Stromkreis, fällt ein Teil der Spannung an dem Innenwiderstand der Elektrizitätsquelle ab. Die Betriebsspannung ist um diesen Betrag vermindert.

c) 🕒 1 Minute, 🖐🖐

$U_0 = 9,0$ V; $I_K = 4,5$ A

Hinweis:

Quellenspannung U_0: Schnittpunkt des Graphen mit der U_B-Achse
Kurzschlussstromstärke I_K: Schnittpunkt des Graphen mit der I-Achse

d) 🕒 2 Minuten, 🖐🖐🖐

$$R_i = \frac{U_0}{I_k}$$

$$R_i = \frac{9,0 \text{ V}}{4,5 \text{ A}}; \quad R_i = 2,0 \, \Omega$$

5. a) 🕒 2 Minuten, 🖐🖐🖐

Das Lämpchen leuchtet kurzzeitig schwächer.

b) 🕒 4 Minuten, 🖐🖐🖐🖐

Erklärung: Das Joch wird aufgelegt.
Das Magnetfeld in der Spule wird verstärkt.
Diese Magnetfeldänderung wirkt auch auf die Spule selbst ein.
In der Spule entsteht eine entgegengerichtete Selbstinduktionsspannung.
Es ergibt sich eine verminderte Spannung.
Wegen der geringeren Spannung ist auch die Stromstärke kleiner. Das Lämpchen leuchtet schwächer.

c) 🕒 1 Minute, 🖐🖐🖐

Das Lämpchen leuchtet durchgehend weniger hell.

Test 4   ✦

1. 🕐 5 Minuten, ✑

Name	α-Strahlung	β-Strahlung	γ-Strahlung
Kennzeichen	Heliumkern	Elektron	elektromagnetische Welle
Geschwindigkeit	10 % der Lichtgeschwindigkeit	fast Lichtgeschwindigkeit	Lichtgeschwindigkeit
Reichweite in der Luft	einige cm	einige dm	unbegrenzt
Abschirmung durch …	Pappe	Blech	Bleiplatten

2. a) 🕐 1 Minute, ✑🔍

$$^{220}_{86}\text{Rn} \rightarrow {}^{216}_{84}\text{Po} + {}^{4}_{2}\text{He}(+\gamma)$$

b) 🕐 1 Minute, ✑🔍

$$^{59}_{26}\text{Fe} \rightarrow {}^{59}_{27}\text{Co} + {}^{0}_{-1}\text{e}(+\gamma)$$

c) 🕐 1 Minute, ✑🔍

$$^{197}_{78}\text{Pt}^* \rightarrow {}^{197}_{78}\text{Pt} + \gamma$$

d) 🕐 1 Minute, ✑🔍

$$^{32}_{15}\text{P} \rightarrow {}^{32}_{16}\text{S} + {}^{0}_{-1}\text{e}(+\gamma)$$

3. 🕐 3 Minuten, ✑🔍✑

Anzahl der α-Zerfälle: $(232-208):4=6$
Erklärung (nicht notwendig): Die Massenzahl der Nuklide wird nur durch α-Zerfälle verändert. Jeder α-Zerfall senkt die Massenzahl um 4.
Die Rechnung $(232-208):4=6$ liefert somit die Anzahl der α-Zerfälle.

Anzahl der β-Zerfälle: $6\cdot 2-(90-82)=4$
Erklärung (nicht notwendig): Durch jeden α-Zerfall wird die Kernladungszahl um 2 kleiner. Wegen der 6 α-Zerfälle sollte also die Kernladungszahl um $6\cdot 2=12$ kleiner sein. Sie ist jedoch nur um 8 kleiner. Somit müssen $12-8=4$ β-Zerfälle stattgefunden haben, die jeweils die Kernladungszahl um 1 erhöht haben.

✎ **4. a)** 🕐 6 Minuten, ✐🔍

Einfallende Strahlung ionisiert die Edelgas-Atome; es entstehen Elektronen und positive Edelgas-Ionen.

Die Elektronen werden durch die hohe Spannung zur Anode hin stark beschleunigt und ionisieren selbst wieder Edelgas-Atome usw. Es entsteht eine Ladungsträgerlawine.

Es fließt kurzzeitig ein Strom, bevor sich die Elektronen am Zählrohrdraht und die Ionen am Metallzylinder entladen.

Dadurch kommt es zum Spannungsabfall am Widerstand R.

Das gemessene Signal wird verstärkt und elektronisch ausgewertet.

b) 🕐 2 Minuten, ✐🔍

Die Totzeit ist der kurze Moment nach der Registrierung von Strahlung, bis das Zählrohr wieder einsatzbereit ist.

1. **a)** ⏱ 6 Minuten, 🌐🌐

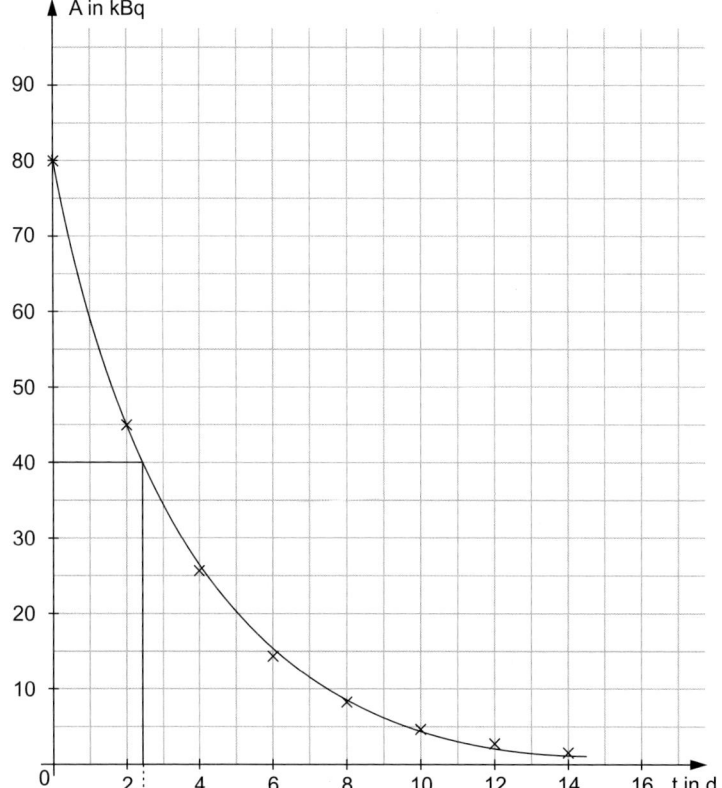

b) ⏱ 1 Minute, 🌐🌐

Ablesen aus der Grafik: $T_{1/2} = 2,5$ d

c) ⏱ 3 Minuten, 🌐🌐

geg.: $A_0 = 80$ kBq; $T_{1/2} = 2,5$ d; $t = 20$ d

ges.: $A(20\ \text{d})$

$$A(t) = A_0 \cdot 0,5^{\frac{t}{T_{1/2}}}$$

$$A(20\ \text{d}) = 80\ \text{kBq} \cdot 0,5^{\frac{20\,\text{d}}{2,5\,\text{d}}}$$

$$A(20\ \text{d}) = 0,31\ \text{kBq}$$

✦ **2.** 🕐 2 Minuten, 🌐.

  • Nach zwei Halbwertszeiten sind noch 25 % der Nuklide vorhanden.
  • Druck und Wärme beeinflussen den radioaktiven Zerfall nicht.

3. 🕐 3 Minuten, 🌐🌐.

geg.: $A_0 = 50$ Bq; $t = 25$ a; $T_{1/2} = 30,1$ a

ges.: $A(25\ \text{a})$

$$A(t) = A_0 \cdot 0{,}5^{\frac{t}{T_{1/2}}}$$

$$A(25\ \text{a}) = 50\ \text{Bq} \cdot 0{,}5^{\frac{25\,\text{a}}{30{,}1\,\text{a}}}; \quad A(25\ \text{a}) = 28\ \text{Bq}$$

4. 🕐 5 Minuten, 🌐🌐.

geg.: $t = 5{,}0$ min; $\dfrac{N(t)}{N_0} = 1 - 0{,}820 = 0{,}180$

ges.: $T_{1/2}$

$$N(t) = N_0 \cdot 0{,}5^{\frac{t}{T_{1/2}}} \quad \Rightarrow \quad T_{1/2} = \frac{t}{\log_{0,5}\left(\frac{N(t)}{N_0}\right)}$$

$$T_{1/2} = \frac{5{,}0\ \text{min}}{\log_{0,5}(0{,}180)}; \quad T_{1/2} = 2{,}0\ \text{min}$$

Test 6

1. a) ⊙ 1 Minute, ⬗.
In Wärmekraftwerken/thermischen Kraftwerken wird thermische Energie in elektrische Energie umgewandelt.

b) ⊙ 1 Minute, ⬗.
Primäre Energieträger:
- Uran
- Kohle
- Erdgas

2. a) ⊙ 1 Minute, ⬗⬗.
Die Maßnahmen lauten:
- Entstaubung
- Entstickung
- Entschwefelung

b) ⊙ 2 Minuten, ⬗⬗.
Bei der Entstehung der Biomasse Holz wird so viel CO_2 eingelagert, wie später bei der Verbrennung wieder freigesetzt wird.

3. ⊙ 3 Minuten, ⬗⬗.
Vorteile:
- hohe und konstante Leistungsabgabe
- keine Emission von CO_2

Nachteile:
- Problem der Endlagerung von Atommüll
- Bei einem Reaktorunfall sind große Gefahren für Mensch und Umwelt möglich.

4. a) ⊙ 5 Minuten, ⬗⬗ ⬗.
geg.: $m = 40,00$ kg; $w_m = 20,0\ \dfrac{MJ}{kg}$; $t = 2,00$ s; $\eta = 40,0\ \%$
ges.: P_{zu}; P_{ab}
Freisetzbare thermische Energie

$$E = 20,0\ \frac{MJ}{kg} \cdot 40,00\ kg$$

$$E = 800\ \frac{MJ}{kg} \cdot kg; \quad E = 800\ MJ$$

Zugeführte Leistung

$$P_{zu} = \frac{E}{t}$$

$$P_{zu} = \frac{800 \text{ MJ}}{2,0 \text{ s}}; \quad P_{zu} = \frac{800 \cdot 10^6 \text{ J}}{2,0 \text{ s}}$$

$$P_{zu} = 400 \cdot 10^6 \frac{J}{s}; \quad P_{zu} = 400 \text{ MW}$$

Abgegebene Leistung

$$\eta = \frac{P_{ab}}{P_{zu}} \implies P_{ab} = \eta \cdot P_{zu}$$

$$P_{ab} = 40,0 \% \cdot 400 \text{ MW}; \quad P_{ab} = 0,400 \cdot 400 \text{ MW}$$

$$P_{ab} = 160 \text{ MW}$$

b) ⏲ 4 Minuten, 🖐️🖐️🖐️

geg.: $P_{ab} = 160$ MW; $t = 24,0$ h; $z = 0,15 \frac{€}{kWh}$ (exakter Wert)
ges.: E_{ab} in (kWh); K

Abgegebene Leistung

$$P_{ab} = \frac{E_{ab}}{t} \implies E_{ab} = P_{ab} \cdot t$$

$$E_{ab} = 160 \text{ MW} \cdot 24,0 \text{ h}; \quad E_{ab} = 3,84 \cdot 10^3 \text{ MWh}$$

$$E_{ab} = 3,84 \cdot 10^6 \text{ kWh}$$

Einnahmen

$$K = z \cdot E_{ab}$$

$$K = 0,15 \frac{€}{kWh} \cdot 3,84 \cdot 10^6 \text{ kWh}$$

$$K = 5,76 \cdot 10^5 \frac{€}{kWh} \cdot \text{kWh}; \quad K = 5,76 \cdot 10^5 \text{ €}$$

c) ⏲ 3 Minuten, 🖐️🖐️🖐️

geg.: $x = 580 \frac{kg}{MWh}$; $E_{ab} = 3,84 \cdot 10^3$ MWh

ges.: m_{CO_2}

$$m_{CO_2} = x \cdot E_{ab}$$

$$m_{CO_2} = 580 \frac{kg}{MWh} \cdot 3,84 \cdot 10^3 \text{ MWh}; \quad m_{CO_2} = 2,23 \cdot 10^6 \frac{kg}{MWh} \cdot \text{MWh}$$

$$m_{CO_2} = 2,23 \cdot 10^6 \text{ kg}$$

Schulaufgabe 5

1. a) ⊙ 2 Minuten, ✍.

   Das Atom besteht aus einem Atomkern und der Atomhülle.
   Der Atomkern besteht aus positiv geladenen Protonen und neutralen Neutronen.
   In der Atomhülle befinden sich die Elektronen.

   b) ⊙ 2 Minuten, ✍.

   Die zwei Kräfte im Atomkern sind:
   - elektrische Kraft: Abstoßung zwischen Protonen; große Reichweite
   - starke Kernkraft: Anziehung zwischen benachbarten Nukleonen; geringe Reichweite

2. a) ⊙ 1 Minute, ✍.

   $^{38}_{18}\text{Ar}$

   b) ⊙ 1 Minute, ✍.

   $^{98}_{42}\text{Mo}$

   c) ⊙ 1 Minute, ✍.

   $^{195}_{78}\text{Pt}$

   d) ⊙ 1 Minute, ✍.

   $^{19}_{9}\text{F}$

3. a) ⊙ 2 Minuten, ✍.

   Isotope sind Nuklide mit gleicher Protonenzahl, aber unterschiedlicher Neutronenzahl.

   b) ⊙ 1 Minute, ✍.

   $^{1}_{1}\text{H}$; $^{2}_{1}\text{H}$

   c) ⊙ 3 Minuten, ✍.

   Die chemischen Eigenschaften sind gleich. Aufgrund der gleichen Protonenanzahl haben die Isotope die gleiche Atomhülle.
   Die physikalischen Eigenschaften sind unterschiedlich, z. B. aufgrund der unterschiedlichen Masse.

4. a) ⊗ 1 Minute, ⊛.

$$^{14}_{7}\text{N} + ^{4}_{2}\text{He} \rightarrow ^{17}_{8}\text{O} + ^{1}_{1}\text{p}$$

b) ⊗ 1 Minute, ⊛.

$$^{9}_{4}\text{Be} + ^{4}_{2}\text{He} \rightarrow ^{12}_{6}\text{C} + ^{1}_{0}\text{n}$$

c) ⊗ 1 Minute, ⊛.

$$^{239}_{94}\text{Pu} + ^{1}_{0}\text{n} \rightarrow ^{144}_{56}\text{Ba} + ^{94}_{38}\text{Sr} + 2\,^{1}_{0}\text{n}$$

5. a) ⊗ 2 Minuten, ⊛⊛.

Strahlenquellen:
- natürliche Strahlung: terrestrische (z. B. Radon); kosmische
- künstliche Strahlung: medizinische Untersuchungen; Rauchen (Aufnahme von Polonium-210)

b) ⊗ 2 Minuten, ⊛.

Somatische Schäden treten bei der bestrahlten Person selbst auf.
Genetische Schäden treten bei ihren Nachkommen auf.

c) ⊗ 3 Minuten, ⊛⊛.

Arbeitsschutz an Arbeitsplätzen mit ionisierender Strahlung:
- Schutzkleidung tragen
- Zeit der Strahlenaussetzung gering halten
- Abstand halten

6. ⊗ 2 Minuten, ⊛.

- Medizin: Diagnose (z. B. Szintigrafie); Therapie (z. B. Strahlentherapie)
- Technik: Materialprüfung; Radionuklidbatterie für Weltraumsonden

7. a) ⊗ 6 Minuten, ⊛⊛.

Jeder Organismus nimmt durch seinen Stoffwechsel Kohlenstoffverbindungen, und somit auch C-14, auf.
Durch Aufnahme und Zerfall stellt sich im Organismus ein Gleichgewicht ein, d. h., der C-14-Anteil in einem lebenden Organismus ist konstant.
Stirbt der Organismus, so wird kein neues C-14 mehr eingebaut. Der C-14-Anteil im toten Organismus wird mit der Zeit weniger.
Kennt man den C-14-Anteil oder die C-14-Aktivität in einem toten Organismus, so kann man das Alter berechnen, d. h., vor wie vielen Jahren er gestorben ist.

b) 🕐 3 Minuten, ✏️🔍

Der Prozentsatz 12,5 % entspricht drei aufeinanderfolgenden Halbierungen. Somit müssen drei Halbwertszeiten vergangen sein. Das Alter des Mammuts beträgt also 17 190 Jahre.

8. a) 🕐 1 Minute, ✏️🔍

$$_1^2D + {}_1^3T \rightarrow {}_2^4He + {}_0^1n$$

b) 🕐 2 Minuten, ✏️🔍

Durch diese hohen Temperaturen sind die Geschwindigkeiten der Deuterium- und Tritiumkerne groß genug, um die Abstoßung durch die elektrische Kraft zwischen ihnen zu überwinden.

9. a) 🕐 1 Minute, ✏️🔍

$$_{92}^{235}U + {}_0^1n \rightarrow {}_{56}^{144}Ba + {}_{36}^{89}Kr + 3\,{}_0^1n \ (+E)$$

b) 🕐 2 Minuten, ✏️🔍

Thermische Neutronen sind langsame Neutronen. Nur mit diesen langsamen Neutronen können Kernspaltungen ausgelöst werden.

c) 🕐 2 Minuten, ✏️

Die Funktionen des Wassers sind:
- Moderator
- Transportmittel der Wärme bzw. Kühlung der Brennstäbe

d) 🕐 2 Minuten, ✏️🔍

Die Kettenreaktion wird mithilfe von Regelstäben kontrolliert. Diese können zwischen den Brennelementen hinein- oder herausgefahren werden. Damit wird geregelt, wie viele Neutronen eingefangen werden.

1. a) 🕐 2 Minuten, 🌐.

In einem Kohlekraftwerk wird Kohle (primärer Energieträger, fossil) verbrannt und letztlich in elektrische Energie (sekundärer Energieträger) umgewandelt.

b) 🕐 2 Minuten, 🌐.

Unter regenerativen Energieträgern versteht man Energieträger, die praktisch unerschöpflich sind.
Beispiele: Wasserkraft, Windkraft

2. 🕐 4 Minuten, 🌐.

- Heizung: effizienter und gemäßigter Umgang
- Auto: Vermeidung unnötiger Fahrten
- Warmwasser: Verwendung einer thermischen Solaranlage
- Elektrische Geräte: Kauf von Geräten mit hoher Energieeffizienz

3. a) 🕐 4 Minuten, 🌐🌐.

Die CO_2-Konzentration in der Luft schwankte in den letzten 400 000 Jahren zwischen ca. 200 und 300 ppmv. Zwischen 1 800 und 2 000 n. Chr. nahm die CO_2-Konzentration von ca. 300 ppmv auf ca. 360 ppmv zu und ist damit deutlich höher im Vergleich zu den letzten 400 000 Jahren.

b) 🕐 2 Minuten, 🌐🌐.

Das Gas CO_2 ist ein Treibhausgas, d. h., es kann einen Teil der von der Erde abgegebenen Wärmestrahlung absorbieren.
Durch die höhere CO_2-Konzentration kann mehr Wärmestrahlung absorbiert werden und die Durchschnittstemperatur der Erde ansteigen.

4. a) 🕐 1 Minute, 🌐🌐.

$5,0 \text{ kWh} = 18 \text{ MJ}$

b) 🕐 1 Minute, 🌐🌐.

$36 \text{ MJ} = 10 \text{ kWh}$

c) 🕐 1 Minute, 🌐🌐.

$14,4 \text{ GJ} = 4,00 \text{ MWh}$

5. a) 🕐 5 Minuten, 🖊️🖊️ 🖊️.

geg.: $V = 300\ \text{m}^3$; $h = 7,00\ \text{m}$; $t = 1,00\ \text{s}$
ges.: E_{pot}

$V = 300\ \text{m}^3 \quad \Rightarrow \quad m = 300 \cdot 10^3\ \text{kg}$

Energie
$E_{pot} = m \cdot g \cdot h$

$E_{pot} = 3,00 \cdot 10^5\ \text{kg} \cdot 9,81\ \dfrac{\text{N}}{\text{kg}} \cdot 7,00\ \text{m}; \quad E_{pot} = 2,06 \cdot 10^7\ \text{kg} \cdot \dfrac{\text{N}}{\text{kg}} \cdot \text{m}$

$E_{pot} = 2,06 \cdot 10^7\ \text{J}$

Leistung
$P_{zu} = \dfrac{E_{pot}}{t}$

$P_{zu} = \dfrac{2,06 \cdot 10^7\ \text{J}}{1,0\ \text{s}}; \quad P_{zu} = 2,06 \cdot 10^7\ \dfrac{\text{J}}{\text{s}}; \quad P_{zu} = 20,6\ \text{MW}$

b) 🕐 2 Minuten, 🖊️🖊️.

geg.: $P_{zu} = 20,6\ \text{MW}$; $\eta = 85\ \%$
ges.: P_{ab}

$\eta = \dfrac{P_{ab}}{P_{zu}} \quad \Rightarrow \quad P_{ab} = \eta \cdot P_{zu}$

$P_{ab} = 85\ \% \cdot 20,6\ \text{MW}; \quad P_{ab} = 0,85 \cdot 20,6\ \text{MW}$

$P_{ab} = 18\ \text{MW}$

6. a) 🕐 2 Minuten, 🖊️.

Ein Pumpspeicherkraftwerk besteht aus einem Oberbecken/Speicher und einem Unterbecken. Die beiden Becken sind durch Wasserrohre verbunden. Das Wasser kann über die Turbinen geleitet werden oder wieder nach oben gepumpt werden.

b) 🕐 2 Minuten, 🖊️🖊️.

Das Wasser aus dem Unterbecken wird nachts mit überschüssiger elektrischer Energie von anderen Kraftwerken, die in Dauerlast arbeiten, in das Oberbecken gepumpt. Tagsüber können dann Bedarfsspitzen im Netz bedient werden, indem das Wasser vom Oberbecken über die Turbinen zum Unterbecken geleitet wird.

7. a) 🕐 3 Minuten, 🦯🦯

    A: transparente Abdeckung
    B: Rohrschlangen mit Kollektorflüssigkeit
    C: dunkles Absorbermaterial
    D: Wärmeisolator
    E: Sonnenstrahlung

  b) 🕐 2 Minuten, 🦯🦯

Trifft die Strahlung der Sonne auf die Rohrschlangen bzw. auf das dunkle Absorbermaterial, so wird deren Energie in thermische Energie umgewandelt. Die Temperatur der Kollektorflüssigkeit steigt.

8. a) 🕐 4 Minuten, 🦯🦯 🦯

geg.: $\dfrac{P_{Str}}{m^2} = 900 \ \dfrac{W}{m^2}$; $A = 30 \ m^2$; $\eta = 15\ \%$

ges.: $P_{ab, \, el}$

Aufgenommene Strahlungsleistung der Anlage

$P_{zu, \, Str, \, ges} = 900 \ \dfrac{W}{m^2} \cdot 30 \ m^2$; $P_{zu, \, Str, \, ges} = 2{,}7 \cdot 10^4 \ \dfrac{W}{m^2} \cdot m^2$

$P_{zu, \, Str, \, ges} = 2{,}7 \cdot 10^4 \ W$

Elektrische Leistungsabgabe

$\eta = \dfrac{P_{ab}}{P_{zu}} \ \Rightarrow \ P_{ab} = \eta \cdot P_{zu}$

$\qquad P_{ab, \, el} = \eta \cdot P_{zu, \, Str, \, ges}$

$\qquad P_{ab, \, el} = 15\ \% \cdot 2{,}7 \cdot 10^4 \ W$; $P_{ab, \, el} = 0{,}15 \cdot 2{,}7 \cdot 10^4 \ W$

$\qquad P_{ab, \, el} = 4{,}1 \cdot 10^3 \ W$; $P_{ab, \, el} = 4{,}1 \ kW$

  b) 🕐 3 Minuten, 🦯🦯

geg.: $P_{ab, \, el} = 4{,}1 \ kW$; $E_{ab, \, el} = 15 \ kWh$
ges.: t

$P = \dfrac{E}{t} \ \Rightarrow \ t = \dfrac{E}{P}$

$t = \dfrac{E_{ab, \, el}}{P_{ab, \, el}}$

$t = \dfrac{15 \ kWh}{4{,}1 \ kW}$; $t = 3{,}7 \ \dfrac{kW \cdot h}{kW}$; $t = 3{,}7 \ h$

c) 🕐 5 Minuten, 🌐🌐🌐.

geg.: $\dfrac{E_{zu,\,Str,\,1a}}{m^2} = \dfrac{1100\ kWh}{m^2}$; $z = 0,25\ \dfrac{€}{kWh}$ (exakt)

ges.: K

Gesamte aufgenommene Strahlungsenergie im Jahr

$$E_{zu,\,Str,\,1a} = \frac{E_{zu,\,Str,\,1a}}{m^2} \cdot A$$

$$E_{zu,\,Str,\,1a} = \frac{1100\ kWh}{m^2} \cdot 30\ m^2; \quad E_{zu,\,Str,\,1a} = 3,3 \cdot 10^4\ \frac{kWh}{m^2} \cdot m^2$$

$$E_{zu,\,Str,\,1a} = 3,3 \cdot 10^4\ kWh$$

Abgegebene elektrische Energie im Jahr

$$\eta = \frac{E_{ab}}{E_{zu}} \quad \Rightarrow \quad E_{ab} = \eta \cdot E_{zu}$$

$$E_{ab,\,el,\,1a} = \eta \cdot E_{zu,\,Str,\,1a}$$

$$E_{ab,\,el,\,1a} = 15\ \% \cdot 3,3 \cdot 10^4\ kWh; \quad E_{ab,\,el,\,1a} = 0,15 \cdot 3,3 \cdot 10^4\ kWh$$

$$E_{ab,\,el,\,1a} = 5,0 \cdot 10^3\ kWh$$

Wert der eingespeisten elektrischen Energie

$$K = z \cdot E; \quad K_{1a} = z \cdot E_{ab,\,el,\,1a}$$

$$K_{1a} = 0,25\ \frac{€}{kWh} \cdot 5,0 \cdot 10^3\ kWh; \quad K_{1a} = 1,3 \cdot 10^3\ €$$